W0386143

LA CONVERSION

LA CONVERSION

Comment Dieu
se forme un
peuple

MICHAEL LAWRENCE

éditions
cruciforme

Édition originale en anglais sous le titre :
Conversion: How God Creates a People
© 2017 par Michael Lawrence.
Publié par Crossway, un ministère de Good News Publishers.
1300 Crescent Street, Wheaton, IL 60187, U.S.A.
Traduit et publié avec permission. Tous droits réservés.

Pour l'édition française :
La conversion : comment Dieu se forme un peuple
© 2019 Publications Chrétiennes, Inc.
Publié par Éditions Cruciforme
230, rue Lupien, Trois-Rivières (Québec)
G8T 6W4 – Canada
Site Web : www.editionscruciforme.org
Tous droits de traduction, de reproduction et d'adaptation réservés.

Traduction : Étienne Sauvageau
Révision : Catherine Côté
Relecture : Laurette Gauthier

ISBN : 978-2-924595-52-7

Dépôt légal – 1er trimestre 2019
Bibliothèque et Archives nationales du Québec
Bibliothèque et Archives Canada

« Éditions Cruciforme » est une marque déposée de Publications Chrétiennes, Inc.

Sauf mention contraire, les citations bibliques sont tirées de la Nouvelle Édition de Genève (Segond 1979) de la Société Biblique de Genève. Avec permission.

Impression n° 20190131 • IMEAF • 26160 La Bégude-de-Mazenc - France

Pour Adrienne,
ton amour pour moi me rappelle
l'Évangile chaque jour.

« Vous qui autrefois n'étiez pas un peuple, et qui maintenant êtes le peuple de Dieu, vous qui n'aviez pas obtenu miséricorde, et qui maintenant avez obtenu miséricorde » (1 Pi 2.10).

TABLE DES MATIÈRES

PRÉFACE DE LA SÉRIE

Pensez-vous qu'il est de votre devoir de contribuer à l'édification d'une Église en bonne santé ? Si vous êtes chrétien, nous croyons que c'est le cas.

Jésus vous ordonne de faire des disciples (Mt 28.18-20). Jude vous exhorte à vous édifier sur votre très sainte foi (Jud 20,21). Pierre vous appelle à mettre au service des autres le don que vous avez reçu (1 Pi 4.10). Paul vous recommande de professer la vérité dans l'amour pour que votre Église croisse à tous égards (Ép 4.13,15). Suivez-vous notre raisonnement ?

Que vous soyez membre ou dirigeant d'une Église, les livres de la série « Bâtir des Églises en bonne santé » visent à vous aider à accomplir ces ordonnances bibliques et à jouer ainsi votre rôle dans l'édification d'une Église en bonne santé. Autrement dit, nous espérons que ces livres vous aideront à aimer davantage votre Église comme Jésus l'aime.

9Marks envisage de produire un livre concis et accessible sur chacune des caractéristiques que Mark Dever a appelées les *neuf traits essentiels* d'une Église en bonne santé, outre un volume sur la saine doctrine. Ces ouvrages portent sur la prédication textuelle, la théologie biblique, l'Évangile, la conversion, l'évangélisation, l'adhésion à l'Église locale, la discipline d'Église, la formation de disciples et leur croissance, ainsi que la direction de l'Église.

Les Églises locales existent pour manifester la gloire de Dieu aux nations. Leurs membres y parviennent en fixant les yeux sur l'Évangile de Jésus-Christ, en faisant confiance au Seigneur pour le salut de leur âme et en s'aimant les uns les autres dans la sainteté, l'unité et l'amour de Dieu. Que le Seigneur puisse utiliser ce livre pour vous aider à poursuivre ce but.

Dans l'espérance,

Mark Dever et Jonathan Leeman
Éditeurs de la série

PRÉFACE À L'ÉDITION FRANÇAISE

Après plusieurs années dans le ministère pastoral, je réalise à quel point les gens sont surpris lorsque des personnes qui avaient l'habitude de fréquenter régulièrement leur Église décident de quitter la foi pour l'amour du monde. Parfois, par la grâce de Dieu, quelques-unes de ces personnes reviennent à la foi après avoir produit des fruits de repentance. Lorsque de tels évènements se produisent, notre cœur est rempli de joie. Les Écritures nous disent aussi que même les anges dans le ciel se réjouissent de ce que la brebis qui était égarée soit de retour parmi les siens (Lu 15.10). Cependant, malheureusement, certaines personnes ne reviennent tout simplement pas. L'amour du siècle présent les a englouties ne laissant aucune lueur de foi en elles.

Suffit-il qu'une personne dise « j'ai la foi » pour qu'elle soit réellement convertie ? J'ai longtemps cru que le simple fait de faire une prière « de repentance » et de changer de style de vie faisait d'une personne un enfant de Dieu authentique. Si une personne me semblait sincère lors de sa prise de décision, je me disais que la personne devait réellement avoir reçu un cœur nouveau.

Croyant tout cela, j'ai donc fait différents appels à la conversion lors de mes sermons, invitant les gens à accepter Christ en faisant une prière de repentance ou en leur demandant de lever leurs mains pour indiquer leur décision de suivre Jésus. Certaines fois, je leur demandais même de s'avancer pour rejoindre l'allée centrale de ce que j'appelais autrefois « la chapelle » afin qu'ils puissent prendre une décision quant à leur salut.

Maintenant, la question n'est pas simplement de savoir si cette pratique est mauvaise, mais plutôt de savoir si elle a eu pour résultat, à travers les années, d'engendrer de fausses conversions en laissant croire que le simple fait d'avoir prié ou d'avoir été sincère est suffisant.

Mes années d'expérience dans le ministère pastoral m'ont démontré que la conversion ne repose pas sur les émotions d'une personne lors d'un évènement d'évangélisation. Elle ne repose pas non plus sur une prière ni sur le courage qu'il faut pour rejoindre le prédicateur à l'avant lors d'un appel à la conversion. La conversion authentique a lieu seulement lorsque Dieu, dans sa souveraineté, a fait l'œuvre miraculeuse de régénération dans le cœur d'une personne. Les Écritures nous permettent d'affirmer que la foi d'une personne est véritable seulement lorsque cette personne démontre, à travers sa persévérance dans la foi, des fruits spirituels et un changement de cœur pour les choses de Dieu.

Dans *La conversion*, Michael Lawrence nous présente des principes bibliques afin de nous amener à comprendre l'œuvre formidable que Dieu fait lors de la conversion authentique d'un individu. Son désir est de nous équiper avec une compréhension solide quant à la doctrine de la conversion.

Je prie pour que la francophonie entière puisse être de plus en plus influencée par une saine théologie biblique de la conversion. Nous avons besoin de voir de plus en plus d'enfants de Dieu véritables annoncer fidèlement le message puissant de l'Évangile. Que Dieu continue son œuvre dans le cœur de ses élus !

Michaël Caron
Pasteur, Église Évangélique Baptiste de Shawinigan-Sud

INTRODUCTION

J'ai parlé récemment à l'un de mes amis qui s'inquiétait pour ses deux enfants adultes. Ils ne prennent pas de drogue et n'ont pas l'habitude de faire la fête. Ils entretiennent des relations saines et chaleureuses avec leurs parents et leurs pairs. Ils ont eu d'excellents résultats à de très bonnes universités. Ce sont de jeunes adultes athlétiques, ambitieux, beaux et charmants. S'ils étaient vos enfants, vous seriez fier d'eux, tout comme mon ami l'était. Malgré tout cela, il y avait de quoi s'inquiéter parce que ni l'un ni l'autre ne semblaient avoir le moindre intérêt pour Jésus-Christ. Pire encore, les deux se disaient chrétiens.

Ils ont tous les deux grandi dans une Église évangélique. Ils ont appris des leçons de la Bible à l'école du dimanche. Ils étaient actifs dans leur groupe jeunesse. Ils n'ont jamais été ouvertement rebelles. Ils ont tous les deux fait la « prière de repentance ». Ils ont été baptisés. Lorsqu'ils sont entrés à l'université, ils ont gardé le bon comportement moral qu'ils avaient appris à l'Église, mais...

Ils ont laissé Jésus de côté, tout simplement. Ils ont gardé le nom de « chrétien », sans démontrer le moindre intérêt pour la vie chrétienne.

On peut comprendre pourquoi mon ami se fait du souci. Il a deux bons enfants qui croient qu'ils n'ont pas besoin de Jésus parce qu'ils l'ont déjà. Pourtant, alors qu'il les observe vivre leur vie d'adultes, il doute de plus en plus qu'ils connaissent Jésus.

Je sers dans une Église où j'ai eu cette même conversation avec beaucoup de parents. C'est une conversation crève-cœur, non seulement parce que les parents se sentent trahis, mais aussi parce qu'ils ont fait tout ce qu'on leur a dit de faire ! Ils ont bien élevé leurs enfants. Ils les ont conduits à faire la prière de repentance. Ils les ont amenés à l'église et les ont inscrits dans tous les bons programmes, en s'attendant avec confiance à ce que leurs enfants aiment Jésus eux aussi.

Mais ça n'a pas fonctionné.

À ce point-ci, on pourrait s'attendre à ce que je me lance dans un chapitre ou un livre sur l'éducation des enfants, mais je laisserai ce soin à des gens plus expérimentés et mieux qualifiés que moi. De toute façon, je ne suis pas sûr du tout qu'il s'agisse d'un problème d'éducation. De nombreux parents modèles dans nos Églises sont dans la même situation fâcheuse que mon ami.

Je propose plutôt que nous concentrions notre attention sur deux autres problèmes. Le premier concerne notre théologie de la conversion, et le second, l'application de cette théologie dans nos Églises. Comment mettons-nous en pratique les vérités que nous affirmons croire ?

Trop souvent, notre profession de foi dit une chose, alors que notre théologie pratique en dit une autre. Nous disons que la régénération fait de nous de nouvelles créatures en Christ, mais ensuite, nous enseignons à nos enfants un système moral que les athées pourraient imiter.

Nous disons que le christianisme est une relation avec Jésus basée sur la confiance, mais nous agissons comme s'il ne s'agissait que de cases à cocher sur un formulaire.

Nous disons que le Saint-Esprit fait passer les gens du royaume des ténèbres au royaume de la lumière, mais nous employons les mêmes techniques de marketing qui sont utilisées pour convaincre quelqu'un de changer de marque de dentifrice.

Encore et encore, ce que nous disons dans nos confessions de foi sur la conversion ne concorde pas avec ce que nous pratiquons dans nos Églises et nos ministères. Nous ne devrions donc pas être surpris si nos enfants ne sont pas vraiment des chrétiens.

Bien sûr, ce problème n'atteint pas seulement les familles. Il affecte aussi les Églises. Quand les nouveaux convertis d'une campagne d'évangélisation sont absents lors de la suivante ; quand nos membres pensent que l'Église est optionnelle, au même titre que les ligues sportives et les autres loisirs ; quand les chiffres des offrandes et la présence aux cultes sont inférieurs au nombre de membres ; quand il est presque impossible de trouver des bénévoles si ce n'est pour les activités sociales, le problème n'est probablement pas notre technique d'évangélisation, un leadership déficient, des cultes inintéressants ou une mauvaise gestion des bénévoles. Le problème pourrait bien être notre théologie pratique de la conversion. Trop souvent, nous ne traitons que les symptômes, mais nous devrions nous attaquer à la maladie sous-jacente.

C'est exactement ce que ce livre essaie de faire.

Dans les chapitres qui suivront, j'aimerais que nous réfléchissions à la doctrine de la conversion en nous servant des Écritures. Mais ce n'est pas tout. J'aimerais que nous réfléchissions à l'impact que cette doctrine devrait avoir sur nos Églises dans l'évangélisation, puis dans notre formation de disciples et l'acceptation des membres, jusqu'à dans notre manière de concevoir l'Église tout entière.

En d'autres mots, ceci est un livre à la fois théorique et pratique. C'est un livre sur la conversion et sur l'Église. Après tout, Dieu se forme un peuple par la conversion. Montrez-moi votre doctrine de la conversion et je vous dirai à quoi ressemble votre Église. Ou plutôt, montrez-moi votre Église et je vous dirai ce qu'est *réellement* sa doctrine de la conversion, peu importe ce qui est écrit sur un bout de papier. Nos Églises incarnent nos doctrines.

Avoir une bonne théologie de la conversion implique bien plus qu'une théologie correcte. Ça implique aussi de développer une pratique des ministères qui reflète et soutient nos convictions théologiques.

Une bonne théologie est très pratique, sinon elle n'en mérite pas le nom.

1

NÉS DE NOUVEAU, PAS GENTILS

La nécessité de la régénération

Dans l'introduction, j'ai parlé de mon ami qui s'inquiétait de ses enfants adultes qui étaient bien élevés, mais pas chrétiens. On pourrait dire qu'ils étaient *gentils*, mais pas *nés de nouveaux*, dans le sens où ils n'étaient pas des nouvelles créatures.

Son expérience a suscité des questions sur la doctrine de la conversion, ainsi que sur la façon dont cette doctrine devrait se manifester dans la vie de l'Église. Nous devons absolument avoir une doctrine et une pratique justes. Nos Églises devraient croire que Dieu transforme complètement les gens, et qu'il ne les rend pas seulement gentils. Nous ne devons pas seulement le croire théoriquement, mais nous devons aussi pouvoir le mettre en pratique. À quoi cela ressemble-t-il ?

Dans deux passages des Écritures des plus importants pour comprendre la conversion, le prophète Ézéchiel et Jésus nous aident à trouver des réponses. Commençons par

Jésus. Il dit que pour entrer dans le royaume de Dieu, il faut « naître de nouveau ». En parlant à un pharisien du nom de Nicodème, Jésus dit :

> Si un homme ne naît de nouveau, il ne peut voir le royaume de Dieu. Nicodème lui dit : Comment un homme peut-il naître quand il est vieux ? Peut-il rentrer dans le sein de sa mère et naître ? Jésus répondit : En vérité, en vérité, je te le dis, si un homme ne naît d'eau et d'Esprit, il ne peut entrer dans le royaume de Dieu. Ce qui est né de la chair est chair, et ce qui est né de l'Esprit est esprit. Ne t'étonne pas que je t'aie dit : Il faut que vous naissiez de nouveau. Le vent souffle où il veut, et tu en entends le bruit ; mais tu ne sais d'où il vient, ni où il va. Il en est ainsi de tout homme qui est né de l'Esprit (Jn 3.3-8).

L'ATTRAIT D'ÊTRE GENTIL

Il vaut la peine de reconnaître le puissant attrait de la gentillesse.

Nicodème et les autres pharisiens croyaient qu'on pouvait entrer dans le royaume de Dieu en étant gentil, ce qui signifiait pour eux d'être un bon Juif : suivre la loi de Moïse, aller au temple, offrir tous les sacrifices et se tenir loin des païens. Je ne crois pas que Nicodème se croyait parfait. Il savait probablement qu'il devrait être une meilleure personne. Peut-être que c'est précisément pour cette raison qu'il est allé voir Jésus au départ. Malgré tout, son but était d'atteindre une meilleure droiture morale. Les gens gentils entraient dans le royaume.

Aujourd'hui, on retrouve différents types de « gentil ». Il y a le gentil poli, mais détaché et tolérant du « vivre et laisser vivre ». Il y a le gentil de la conscience sociale et de l'activisme politique. Il y a le gentil religieux de nombreuses dénominations et communautés de croyants différentes. Il y a le gentil « spirituel, mais pas religieux ». Il y a même ce qu'on appelle chez moi le « gentil de Portland », une sorte de gentil pacifiste du genre « évitons de te faire sentir inconfortable, même si nous te jugeons et te rejetons quand même dans nos pensées ».

Malgré toutes ces différentes formes de gentillesse, son attrait n'a pas beaucoup changé depuis deux mille ans. Être gentil, être une bonne personne, devenir une meilleure personne qu'hier, c'est de se sentir bien avec soi-même. C'est cet attrait de l'éloge de soi qui lie toutes les variantes modernes ensemble pour en faire un programme religieux commun que Nicodème aurait reconnu (voir Lu 10.25-29). La gentillesse permet de se recommander soi-même aux autres et peut-être même à Dieu. La gentillesse permet de justifier et d'innocenter sa vie aux yeux de quiconque. C'est attirant.

LES SUPPOSITIONS DE LA GENTILLESSE

L'attrait de la gentillesse provient de trois idées : une perspective optimiste de l'homme, une vision apprivoisée de Dieu et une perspective de la religion en tant que moyen pour se réformer moralement. À la base, Nicodème suppose qu'il *peut* faire tout ce qui est nécessaire pour se justifier devant Dieu.

Il croit que *Dieu* est le genre de dieu qui sera satisfait de ses efforts et que la raison d'être de la *religion* est de l'aider à devenir une meilleure personne. Voilà comment fonctionne la gentillesse. Dieu veut que je sois bon. Je peux être bon. La religion m'aidera.

Aucune Église n'enseigne explicitement la religion de la gentillesse. En fait, elles enseignent normalement l'opposé. Pourtant, ces mêmes Églises sont remplies de gens qui croient que Dieu les acceptera parce qu'ils ont été bons. J'ai entendu cela dans trop de salons et de chambres d'hôpital. Pas parfait, personne ne dit ça, mais assez bon.

Pouvez-vous vous identifier à Nicodème ? Moi, oui. Quand j'étais un jeune étudiant universitaire, j'ai commencé à craindre que Dieu ne m'accepte pas. Alors, j'ai commencé à parler à Dieu : « Seigneur, je ne boirai plus. Seigneur, je lirai ma Bible et j'irai à l'église plus souvent. Alors, s'il te plaît, ne m'envoie pas en enfer, mais laisse-moi entrer au ciel. » Nicodème et moi supposions les mêmes choses. Je peux être bon. Dieu sera impressionné. La religion m'aidera. Ce n'était pas la prière d'un païen. C'était la prière de quelqu'un qui avait grandi dans une Église, qui avait entendu l'Évangile d'innombrables fois et qui se croyait chrétien. Pourtant, la religion de la gentillesse correspondait à ce que mon cœur, comme tous les cœurs corrompus, désirait. Je voulais être capable de me justifier moi-même. Et être gentil était la manière d'y parvenir.

Le rôle de la religion dans l'autojustification est bien représenté par un projet de l'organisation World Weavers pour la Blood Foundation, une organisation non gouvernementale en Thaïlande. En échange d'un moindre coût, le programme immerge les participants dans différentes traditions religieuses pour un mois. Ils offrent « moine [*bouddhiste*] pour un mois », « musulman pour un mois » et « l'expérience spirituelle des rastafaris »[1]. Il n'est pas nécessaire de se convertir ou de devenir un vrai croyant. En fait, les religions aident les gens à devenir de meilleures personnes, plus gentilles, donc n'importe quelle religion peut faire l'affaire.

Cette supposition voulant que toutes les religions soient essentiellement la même en dessous de tous ces emballages culturels est la raison pour laquelle beaucoup d'Occidentaux ont abandonné toutes formes de religion. Si le but est simplement d'être une meilleure personne, pourquoi aurait-on besoin de la religion ? La vraie question à laquelle il faut répondre est la suivante : selon quels standards mon autojustification sera-t-elle mesurée ? Les miens ? Ceux de la société ? Ceux de quelle société ? Ceux de Dieu ? Si la religion ne sert à rien d'autre que de s'améliorer soi-même, nous serions mieux, émotionnellement, si nous abandonnions l'idée religieuse et morale de l'autojustification pour la remplacer par l'idée psychologique de la croissance personnelle et de l'acceptation de soi. C'est ce que nous ont dit les thérapeutes durant le dernier siècle.

Ce que j'essaie de dire, c'est que l'attrait de la gentillesse attise non seulement nos désirs orgueilleux d'autojustification, mais il nous permet aussi d'éviter l'obligation de nous justifier devant Dieu. Il remplace une bonne relation avec Dieu et son prochain avec le fait de se sentir bien avec soi-même. Il engourdit notre conscience, apaise nos insécurités et nos anxiétés, et promeut l'illusion que l'on contrôle notre sort lors du jour du jugement.

LA GENTILLESSE DANS LA PRATIQUE

Ce qui rend le moralisme de la gentillesse si difficile à détecter dans nos Églises évangéliques est qu'il n'est pratiquement jamais enseigné explicitement. C'est notre état normal en tant qu'êtres non régénérés. Ce moralisme nous suit dans l'Église comme l'odeur de nos vêtements : nous y sommes si habitués que nous ne le remarquons même pas. Or, cette odeur se manifeste de plusieurs manières :

- Nous condamnons les péchés du monde plus que les nôtres ;
- Nous hiérarchisons les péchés, tolérant certains (surtout les nôtres) plus que d'autres ;
- Dans l'Église, nous prions et chantons pour glorifier Dieu, mais jamais pour nous confesser ;
- Nous décrivons nos propres péchés comme des « erreurs » ;
- Nous utilisons les histoires bibliques pour enseigner à nos enfants comment être bons au lieu de diriger leur attention

sur le Sauveur : « sois comme David » au lieu de « tu as besoin d'un meilleur David, Jésus-Christ ».

La manière principale que nous utilisons pour enseigner la gentillesse est probablement notre présentation du Christ. Nous nous servons du Christ et de l'Évangile comme méthode pour nous améliorer nous-mêmes. Ce n'est pas comme si nous oubliions de discuter de la croix ou même du péché. C'est que nous présentons le péché comme un problème qui affecte premièrement nos vies et nos relations, et qui entrave le chemin vers nos objectifs. Jésus-Christ est présenté comme celui qui corrigera toute cette situation. Nous nous disons que Jésus fera une différence dans nos mariages et l'éducation de nos enfants. Jésus amènera l'amour, la joie et la paix dans nos maisons. Jésus donnera un nouveau sens à notre travail. Venons à Jésus et il fera une différence dans nos vies.

Bien sûr, Jésus fait effectivement une différence dans la vie des croyants. Par contre, la meilleure vie que nous voudrions n'est pas celle qu'il offre. Après tout, qu'est-ce que Jésus a dit ? « Si quelqu'un veut venir après moi, qu'il renonce à lui-même, qu'il se charge de sa croix, et qu'il me suive » (Mt 16.24). Cela veut dire que Jésus pourrait faire une différence dans notre mariage en nous donnant la grâce de persévérer avec un conjoint ou une conjointe qui ne nous aime plus. Il pourrait amener l'amour, la joie et la paix dans nos maisons en faisant de nous un agent qui apporte ces choses au lieu d'un récipiendaire qui en bénéficie. Il pourrait donner un nouveau sens à notre travail en changeant notre attitude plutôt qu'en modifiant notre description de tâche.

Lorsqu'on dit que Jésus est la panacée pour tous les problèmes qu'on s'est diagnostiqués nous-mêmes, beaucoup de gens à l'extérieur demeurent sceptiques. Ils n'arrêtent pas de jouer le jeu de la gentillesse. Ils ne voient tout simplement pas le besoin de jouer le jeu *à l'église* ou la preuve que nous jouons mieux qu'eux.

Pendant ce temps, des gens à l'intérieur de l'Église ignorent tout du christianisme biblique. Nombre d'entre nous avons appris le message d'être gentil dans des Églises qui nous ont présenté un Jésus qui promet de nous améliorer, pas un Jésus qui appelle ses disciples à mourir à eux-mêmes. Ces Églises nous ont enseigné comment être gentils sans s'assurer que nous étions « nés de nouveaux ». J'ai bien peur que ce soit pour cette raison que beaucoup d'enfants de mes amis se soient éloignés du christianisme. Ils n'ont pas délaissé la gentillesse. Ils ont simplement découvert qu'ils n'ont pas besoin de Jésus pour ça.

LA NÉCESSITÉ DE NAÎTRE DE NOUVEAU

L'attrait de la gentillesse est puissant. Cela plaît à notre vanité et notre orgueil. Or, Jésus nous présente, à trois reprises dans Jean 3, qu'il faut naître de nouveau :

- « Si un homme ne naît de nouveau, il ne peut voir le royaume de Dieu » (v. 3) ;

- « Si un homme ne naît d'eau et d'Esprit, il ne peut entrer dans le royaume de Dieu » (v. 5) ;
- « Il faut que vous naissiez de nouveau » (v. 7).

Pour être justes devant Dieu, nous n'avons pas besoin de nous améliorer. Nous avons besoin d'être complètement renouvelés. En fait, la Bible utilise plusieurs concepts théologiques pour décrire ce que Jésus voulait dire :

- La *régénération*, ce qui veut dire naître de nouveau, avec un accent sur la source divine de cette nouvelle vie (1 Pi 1.3) ;
- La *recréation*, ce qui signifie être créé de nouveau en faisant partie de la nouvelle création de la fin des temps (2 Co 5.17 ; Ga 6.15) ;
- La *transformation*, ce qui veut dire recevoir une nouvelle nature (Col 3.10).

Un changement radical doit s'opérer en nous. Un terme que la Bible n'utilise jamais pour décrire le sens des paroles de Jésus est « réforme ». On peut réformer une Église, mais pas un cœur mort. Jésus dit que le changement de notre personne doit atteindre le fin fond de notre être, notre nature elle-même.

Selon les Écritures, Dieu nous a créés pour qu'on le loue, qu'on l'adore, qu'on trouve en lui notre profonde satisfaction. Voilà notre nature telle qu'il l'a créée à l'origine. Quand nos premiers parents se sont révoltés contre Dieu, ils ont fait bien plus qu'enfreindre une règle; ils ont corrompu leur nature.

Les théologiens appellent cela le « péché originel » et nous en avons tous hérité. Nous avons été créés avec une nature qui aime Dieu, mais nous avons maintenant une nature qui s'aime elle-même. Paul dit que nous sommes morts dans nos péchés depuis la naissance et que nous marchons selon les convoitises de la chair (Ép 2.1-3). Nous sommes comme des morts-vivants. C'est pour cela que la gentillesse ne fonctionne pas. Nous devons être renouvelés.

LE PROBLÈME DE LA GENTILLESSE ET LA PROMESSE DU RENOUVEAU

Cinq vérités bibliques révèlent la nécessité de naître de nouveau : l'inaptitude des hommes, la sainteté de Dieu, la grâce de l'Évangile, la puissance de l'Esprit de Dieu et la création d'un peuple.

1. *Notre inaptitude.* Jésus différencie radicalement la chair et l'Esprit, c'est-à-dire nous et Dieu : « Ce qui est né de la chair est chair, et ce qui est né de l'Esprit est esprit » (Jn 3.6). Peu importe combien la chair est bonne, elle ne peut pas créer la vie spirituelle nécessaire pour être juste devant Dieu (voir Ro 8.5-8). Ce n'est pas comme si nous avions essayé fort, sans y arriver. Ce n'est pas non plus que nous voulions bien faire, mais avons été distraits. C'est que notre nature pécheresse désire plaire à la chair au lieu de plaire à Dieu. Même lorsque nous agissons bien d'un point de vue moral, nous agissons pour les mauvaises raisons : pour nous justifier nous-mêmes

et nous glorifier. Voilà l'une des raisons pour lesquelles la Bible dit que nous sommes morts, et non seulement malades (Ép 2.1-3). En tant que personnes mortes, nous sommes incapables d'aimer Dieu pour lui-même.

2. *La sainteté de Dieu.* De plus, Dieu n'est pas comme nous. La Bible présente la sainteté de Dieu sans relâche. Sa sainteté le place dans une tout autre catégorie que la nôtre. Il est complètement séparé de tout péché et consacré à sa propre gloire. Il est d'une bonté sans compromis. Il refuse de tolérer le mal. Il n'est pas du tout impressionné par notre bonté, notre gentillesse, car nous pratiquons la gentillesse pour notre gloire et non la sienne (voir És 64.6). Nous sommes donc sous le jugement de Dieu, une autre raison pour laquelle la Bible fait référence à nous comme étant *morts.* C'est un jugement que nous méritons.

3. *La grâce de Dieu.* Et pourtant, il y a une bonne nouvelle : Dieu fait grâce ! Il a lui-même pris l'initiative en notre faveur. Alors que nous étions encore ses ennemis, il a envoyé son Fils pour qu'il revête notre chair et qu'il vive comme nous aurions dû vivre. Il n'a pas vécu une « belle » ou « bonne » vie, mais une vie parfaite et sans péché, une vie entièrement vouée à la gloire de Dieu. Puis, Jésus a offert sa vie en sacrifice sur la croix et il a pris sur lui la colère de Dieu en substitution pour quiconque se détournerait de ses péchés et mettrait sa foi en lui. Comme preuve de l'acceptation de ce sacrifice, Dieu a ressuscité Jésus d'entre les morts trois jours plus tard.

4. *L'Esprit de Dieu.* Le point précédent n'est que le début de ce que Dieu a fait pour nous. Dans Jean 3, Jésus parle de l'œuvre de l'Esprit comme d'un vent que nous ne pouvons pas contrôler. Quand Dieu nous régénère, le Saint-Esprit nous unit instantanément à Christ. À travers cette union, nous bénéficions des avantages provenant des actes du Fils : sa vie ressuscitée, sa justice, sa grâce. Cela change notre nature, nous donne la nouvelle naissance et fait de nous de nouvelles créatures. Quand nous nous tournons vers Christ dans la repentance et la foi et que nous sommes justifiés par sa grâce, nous sommes adoptés dans sa famille afin de le suivre dans une relation d'amour et de confiance.

5. *La création d'un peuple.* Des siècles avant la conversation entre Jésus et Nicodème, Dieu avait promis sa grâce et son Esprit à travers le prophète Ézéchiel. Il avait aussi promis de faire de nous un peuple.

> Je vous donnerai un cœur nouveau, et je mettrai en vous un esprit nouveau ; j'ôterai de votre corps le cœur de pierre, et je vous donnerai un cœur de chair. Je mettrai mon Esprit en vous, et je ferai en sorte que vous suiviez mes ordonnances, et que vous observiez et pratiquiez mes lois [...] Vous serez mon peuple, et je serai votre Dieu. Je vous délivrerai de toutes vos souillures (Éz 36.26-29).

À travers l'œuvre du Christ, Dieu a gardé sa promesse. Il a fait de nous de nouvelles créatures. Il nous a accordé son

Esprit. Il a fait de nous un peuple. Et il nous a pardonné nos péchés.

POURQUOI LA DOCTRINE DE LA RÉGÉNÉRATION EST IMPORTANTE POUR LES CHRÉTIENS

La vérité du renouvellement que Dieu opère dans nos vies a d'énormes répercussions sur la vie de l'Église, à la fois collectivement et individuellement.

Commençons par l'individu. La nouvelle nature du chrétien l'incline vers Dieu au lieu de l'éloigner de lui. Selon Jonathan Edwards, la personne régénérée a goûté Dieu et en comprend maintenant la douceur, comme quelqu'un qui goûte au miel pour la première fois. Ça ne veut pas dire qu'un chrétien ne pèche jamais. Ça veut dire que l'ancienne nature n'a plus le dessus. C'est Christ qui est en contrôle et notre nouvelle nature possède de nouveaux désirs pour Dieu. Peut-être que la nouvelle création n'est qu'une petite semence, mais elle poussera.

Qu'est-ce que cela peut bien impliquer pour les enfants de mon ami présentés dans l'introduction ? Tout d'abord, on aurait dû leur enseigner qu'une prière et beaucoup d'efforts pour être gentil ne font pas d'eux des chrétiens. Au lieu de cela, un chrétien a un cœur transformé par la grâce de Dieu, il se démarque par sa repentance et sa foi, il désire être avec Dieu et mieux le connaître. Ça veut dire que les Églises ne devraient pas offrir leur approbation par le baptême si rapidement, mais qu'elles devraient encourager les enfants à s'examiner pour voir s'ils sont dans la foi (2 Co 13.5) ; à voir si le fruit de l'Esprit est produit en eux (Ga 5.22,23) ; à suivre Jésus avec un amour sacrificiel et non par une autojustification morale (1 Jn 4.7) ; et à développer une relation d'amour avec Dieu en aimant leurs frères et sœurs en Christ (1 Jn 3.10 ; 4.21). Il fallait leur apprendre que la régénération est l'œuvre de Dieu et non la leur.

Si nous avions enseigné toutes ces choses à ces deux gentils enfants, il est tout de même possible qu'ils aient abandonné leur marche avec Christ une fois à l'université, et ce, en maintenant une conduite morale, mais ils n'auraient pas l'illusion d'être des chrétiens. Ils sauraient qu'ils sont seulement de gentils enfants, sans plus. Peut-être que l'Esprit aurait utilisé cet enseignement pour travailler leur conscience, les réveiller de leur complaisance et les amener à une vraie profession de foi en Christ.

POURQUOI LA DOCTRINE DE LA RÉGÉNÉRATION EST IMPORTANTE POUR LES ÉGLISES

La doctrine de la régénération n'affecte pas seulement notre compréhension de la conversion de l'individu. Elle a aussi un effet collectif.

Revenons à Ézéchiel 36.26-28. Le « vous » dans ces versets est au pluriel, comme s'il était écrit « vous tous ». La régénération de l'Esprit produit un peuple vivant ensemble sous le règne de Dieu. L'Esprit ne fait pas une nouvelle création de moi seulement. Il m'intègre dans le nouveau peuple de Dieu. Il inscrit la volonté de Dieu sur mon cœur et m'enseigne l'amour pour mon prochain ainsi que pour mes frères et sœurs en Christ tout particulièrement. Il m'enseigne que ma vie en Dieu se vivra avec son peuple, c'est-à-dire dans la louange collective et la vie communautaire de l'Église.

C'est pour cette raison que Jean dit que ceux qui prétendent aimer Dieu sans aimer leurs frères sont des menteurs (1 Jn 4.20). Ou encore que Paul dit que les Juifs et les non-Juifs sont devenus un seul homme nouveau (Ép 2.13-16). La régénération nous donne un cœur non seulement pour Dieu, mais aussi pour son peuple.

Une Église locale devrait être une communauté de nouvelles créatures. À travers notre amour et notre obéissance, nous offrons un puissant témoignage de la vérité radicale de l'Évangile. Le monde peut ignorer un seul chrétien et le considérer comme anormal. Deux ou trois chrétiens ensemble sont plus difficiles à ignorer. Cinq, dix, cinquante, cent chrétiens vivant ensemble dans une communauté aimante et pleine de grâce ne peuvent être ignorés.

Malheureusement, l'inverse est tout aussi vrai. Quand une Église ressemble plus au monde qu'à Christ, nous prêchons un autre évangile. Ce dernier est probablement l'évangile de la gentillesse.

Comment pouvons-nous nous assurer que nos communautés sont bel et bien régénérées et qu'elles proclament l'Évangile de Jésus-Christ qui renouvelle les hommes et les femmes ?

Voici quelques suggestions :

- *Faire attention au choix des membres.* Nous ne voulons pas d'une assistance régénérée aux cultes. En fait, nous voulons qu'autant de non-chrétiens que possible soient présents. Nous voulons plutôt que tous les membres de l'Église soient régénérés parce qu'ils la représentent officiellement au monde.
- *Mener des entrevues d'adhésion.* Les anciens de l'Église devraient rencontrer les personnes qui aspirent à devenir membres, non pour vérifier si ce sont de bonnes personnes, mais pour s'assurer de leur nouvelle naissance.
- *Célébrer les exemples de repentance, et non de moralité.* Quand les membres ont l'occasion d'entendre les témoignages des uns les autres en public et quand il est normal de confesser nos péchés et de recevoir le pardon, le modèle de formation de disciples passera de l'autojustification à la ressemblance de Christ.
- *Exercer la discipline dans l'Église.* Le but de la discipline dans l'Église n'est pas d'exclure les mauvaises personnes. Personne ne devrait être exclu pour avoir péché. La discipline d'Église s'exerce quand un individu qui se dit croyant pèche et refuse de se repentir lorsqu'il est confronté à son péché. Ce n'est pas de cette manière qu'une personne renouvelée agirait.

- *Garder le baptême, l'adhésion comme membre et la cène interreliés.* Ce ne sont pas des rituels indépendants, mais trois facettes de la même réalité de la régénération. Le critère pour participer aux trois est le même : pas la gentillesse, mais la repentance et la foi.

Nous devons être renouvelés. Nous le sommes par l'Esprit et l'Évangile.

2

SAUVÉS, PAS SINCÈRES

L'œuvre de Dieu, pas la nôtre

Il est normal d'être parfois cynique aujourd'hui quand on parle de conversions, surtout de conversions religieuses. Elles ressemblent davantage à des changements d'allégeances politiques qu'à de vrais changements de cœur. L'Europe s'est convertie à la pointe des épées romaines. Les soi-disant « chrétiens du riz » de l'Asie se sont convertis pour obtenir des biens matériels. L'islam a pris de l'expansion de manière similaire. L'hindouisme et le bouddhisme se sont étendus dans le sous-continent indien grâce à des moyens politiques et militaires.

En réponse à cela, depuis le second grand réveil aux États-Unis (1790 à 1860), les chrétiens évangéliques ont mis l'accent non sur la « profession de foi », mais sur la sincérité de cette foi. Après tout, la sincérité fait toute la différence entre l'hypocrite et le vrai converti. Comme Fanny Crosby l'a si bien dit : « Le pire pécheur qui croit *vraiment* reçoit à l'instant même le pardon de Jésus[1]. » Normalement, la foi sincère se démontre par des émotions ou des actions visibles, comme lorsque quelqu'un démontre son désir de se convertir lors d'une prédication et qu'il lève la main ou se rend devant l'estrade avec des yeux remplis de larmes de joie et de repentance.

QU'EST-CE QUI EST ASSEZ SINCÈRE ?

Ma propre expérience de conversion s'est déroulée comme suit. J'ai grandi dans les Églises prêchant l'Évangile dans le sud des États-Unis où les conversions se produisaient presque toujours à la fin du culte durant *l'appel*. D'une manière semblable à Billy Graham durant ses « croisades » d'évangélisation, le prédicateur lançait un appel à la conversion, puis nous dirigeait dans un dernier cantique, parfois de multiples fois, tout en attendant une réponse. J'avais sept ans lorsque j'ai répondu à un appel comme celui-là lors d'une réunion du dimanche soir. Tout était planifié. Malgré cela, j'étais à la fois terrifié et excité de m'avancer vers l'estrade, de serrer la main du prédicateur et de l'entendre déclarer que j'étais maintenant un enfant de Dieu.

Cette expérience de conversion m'avait laissé, comme à d'autres, un sentiment d'incertitude. Cette conversion était-elle réelle ou non ? Je me suis alors mis à observer un autre rituel. Notre chorale de jeunes visitait souvent d'autres Églises. La plupart du temps, nous chantions le dernier chant à répétition alors que le pasteur attendait des réponses à l'appel. Or, presque chaque fois, c'était surtout les membres de la chorale qui s'avançaient devant l'estrade. Les plus vieux de notre groupe étaient les premiers à reconsacrer leur vie à Jésus.

Juste au cas où nous n'aurions pas été assez sincères quand nous étions à peine sortis de la maternelle, au cas où nos péchés d'adolescents mettraient en doute la profession de foi de notre enfance, mes compagnons choristes et moi faisions tout pour nous assurer que personne, nous-mêmes premièrement, n'ait de raisons de douter de la sincérité de notre foi. Alors, avec les larmes aux yeux et en nous faisant des accolades, nous remplissions l'espace en avant et renouvelions nos conversions.

Pourtant, est-ce qu'une telle importance accordée à la sincérité répond à l'accusation que nos conversions ne sont rien de plus que des changements d'allégeance socialement opportuns ? N'y a-t-il rien qui distingue la conversion chrétienne de l'adoption d'un parti politique, du végétarisme ou de n'importe quel autre choix de vie ?

Bien que nous devons être sincères, les premiers mots de la Bible sur la conversion n'ont rien à voir avec la sincérité des croyants. Ces premiers mots sont à propos des interventions de Dieu dans nos vies. Nous devenons de nouvelles créatures ayant de nouvelles natures quand Dieu agit en nous. La Bible ne dit pas « soyez sincères », mais plutôt « soyez sauvés » (voir Ac 2.21).

De quoi devons-nous être sauvés ? Sauvés de quelle manière et pourquoi ? Sauvés dans quel but ? Ce chapitre vise à répondre à ces questions. Encore une fois, nous devons non seulement être intéressés à avoir une doctrine correcte, mais aussi des pratiques adéquates dans l'Église. Cette dernière est la communauté des sauvés, pas seulement des sincères.

SAUVÉS *DE* LA COLÈRE DE DIEU

Paul dit, dans Éphésiens 2, que nous sommes morts dans nos péchés. C'est pour cette raison que nous devons être renouvelés, pas juste gentils, comme nous l'avons vu au chapitre précédent. La mort signifie non seulement que nous sommes incapables de changer, mais aussi que nous sommes condamnés par Dieu. Nous sommes des « enfants de colère » de nature et cette colère est celle de Dieu.

Souvenez-vous que Dieu nous a créés à son image pour que nous vivions comme des fils. Comme le dit le dicton : « tel père, tel fils ». Or, nous nous sommes centrés sur nous-mêmes et nous avons cherché notre propre gloire. Au lieu d'agir comme les fils du Roi, nous avons tenté de le détrôner et nous sommes donc devenus des enfants de colère.

Il n'est pas rare de penser que le châtiment de l'enfer correspond exactement à ce que les pécheurs veulent réellement : une vie sans Dieu. Il est vrai que l'enfer est l'absence de l'amour de Dieu, mais il est aussi la présence de la justice divine pour punir le péché comme il le mérite. C'est de cela, la colère de Dieu, que nous devons être sauvés.

- « Tu les rendras tels qu'une fournaise ardente, le jour où tu te montreras ; l'Éternel les engloutira dans sa colère, et le feu les dévorera » (Ps 21.10).
- « Il rendra à chacun selon ses œuvres, la fureur à ses adversaires, la pareille à ses ennemis » (És 59.18).

- « Faites donc mourir ce qui, dans vos membres, est terrestre, la débauche, l'impureté, les passions, les mauvais désirs, et la cupidité, qui est une idolâtrie. C'est à cause de ces choses que la colère de Dieu vient » (Col 3.5,6).

Puisque Dieu est bon, il corrigera les injustices et punira les péchés comme ils le méritent. Or, nous avons tous péché.

Ce fait comporte d'énormes implications pour nos prédications. Pour que l'Évangile ait du sens, nous devons prêcher la justice et la colère de Dieu. Malheureusement, plusieurs Églises cherchent à minimiser ces vérités et changent ainsi l'Évangile. Nous n'aimons pas parler de l'enfer et de la colère de Dieu. Il est beaucoup plus facile de parler d'être sauvé d'une vie sans but, d'une faible estime de soi ou du mal de vivre. Nous traitons Jésus comme la solution à un problème subjectif et interne. « Venez à Jésus pour qu'il donne un sens à votre vie. » Le problème, c'est qu'un problème subjectif peut être réglé par une solution tout aussi subjective. Je pourrais choisir Jésus pour avoir un sens à ma vie, mais mon voisin pourrait choisir de trouver un sens à sa vie dans sa carrière. Comment peut-on dire lequel est le meilleur ? C'est complètement subjectif.

Lorsque nous ne parlons pas de la justice de Dieu ou que nous minimisons sa colère, nous ne proclamons plus le même Évangile. Ce n'est plus un sauvetage objectif, mais un chemin subjectif vers la satisfaction personnelle.

Proclamer fidèlement la colère de Dieu n'est pas une tâche facile. Nos Églises devraient toutefois essayer d'expliquer plus clairement à nos contemporains en quoi l'opposition de Dieu au péché est bonne et juste. Dans notre ministère d'évangélisation, nous devons peut-être commencer des discussions en parlant des scandales moraux qui secouent habituellement l'opinion publique et poursuivre en expliquant la colère de Dieu face au péché. Dans les classes d'école du dimanche et les groupes de jeunes, nous devons insister sur le fait que la colère de Dieu, et non notre insatisfaction subjective, est notre plus grand problème. Dans notre formation de disciples, nous devons chercher des occasions d'enseigner bibliquement que l'autorité est bonne. Dans nos enseignements en général, nous devons reconnaître que le jugement de Dieu réaffirme et protège la valeur humaine. Comme le dit Bruce Waltke : « Les gens nient la doctrine du jugement dernier parce qu'ils ne veulent pas accorder à cette vie une telle dignité que chaque décision prise maintenant pourrait affecter définitivement le futur éternel[2]. » Or, c'est précisément la dignité que Dieu nous accorde et sa colère le reflète bien.

Bref, la colère de Dieu n'est pas le sujet de second plan de quelques versets. Elle est au centre de la vision chrétienne du monde. Si nous ne nous efforçons pas de communiquer la gravité de la mauvaise nouvelle, la bonne nouvelle ne sera pas aussi significative.

SAUVÉS *PAR* LA GRÂCE DE DIEU

Pour être sauvé de la colère de Dieu, il n'y a pas d'autre moyen que sa grâce. Paul dit encore : « Car c'est par la grâce que vous êtes sauvés, par le moyen de la foi. Et cela ne vient pas de vous, c'est le don de Dieu » (Ép 2.8).

Nous « rendons grâce » pour la nourriture avant nos repas. Or, personne ne peut vraiment « rendre grâce » à Dieu. Nous ne pouvons que recevoir sa grâce, car elle est un cadeau. Par définition, les cadeaux ne sont ni mérités (c'est ce qu'on appelle un *salaire*) ni revendiqués (c'est ce qu'on appelle des *droits*). On ne peut que les donner ou les recevoir. L'incroyable cadeau de la grâce dont Paul parle est le don venant de Dieu du pardon des péchés, acheté à la croix par le sacrifice de substitution de Christ à la croix. Puisque Jésus a subi la colère de Dieu pour tous les péchés de ceux qu'il représente, le Père offre gracieusement le salut à tous ceux qui se repentent et croient.

La réalité de la grâce de Dieu contredit l'idée moraliste que nous pouvons nous laver nous-mêmes de nos péchés. Elle s'attaque à l'orgueil qui pense que Dieu ne pourrait jamais me pardonner ou à l'autre extrême, qu'il n'a pas besoin de le faire. Elle redonne aussi à la foi son rôle.

Réfléchissons un peu plus à ce dernier point. Paul dit que nous sommes sauvés par la grâce, par le moyen de la foi. C'est la grâce qui sauve. La foi en est l'instrument, ce qui veut dire que la foi ne sauve pas. C'est plutôt par la grâce qu'on est sauvé et la foi reçoit cette grâce. La foi met sa confiance dans ce cadeau. C'est pour cette raison que Martin Luther a maintenu que nous sommes sauvés *à travers* la foi seule. L'Église catholique romaine enseignait que la grâce ne se recevait qu'alors que nous coopérions avec Dieu en faisant de bonnes œuvres et particulièrement en recevant les sacrements. Or, Luther enseignait que ce n'est que par la foi seule et non en faisant de bonnes œuvres que nous recevons la grâce de Dieu. En bref, la foi ne sauve pas. C'est la grâce qui sauve.

Que se passe-t-il quand nous croyons que la foi nous sauve ? La sincérité devient primordiale. Nous commençons à croire que la foi est un acte ponctuel, une prière, une décision, une main levée, au lieu de l'orientation de notre vie entière. Le problème, c'est qu'il est impossible de savoir si nous sommes assez sincères. L'insécurité s'ensuit et c'est ainsi que se développe la culture de reconsécration. Les enfants anxieux répètent « la prière » encore et encore. Les jeunes se reconsacrent à chaque été dans les camps. Les adultes font de même. Tous espèrent que cette fois-ci, leur proclamation de foi sera assez sincère.

Nous en reparlerons dans le prochain chapitre, mais il est important de souligner que la foi n'est pas une émotion que Dieu évalue selon son intensité. La foi est la confiance et elle ne vaut pas mieux que l'objet de cette confiance. La question n'est pas « croyez-vous vraiment ? » comme Fanny Crosby l'insinuait. C'est plutôt « en qui croyez-vous ? »

J'ai bien peur que nos Églises évangéliques aient créé une génération de chrétiens anxieux qui réévaluent constamment leur foi. Au lieu de cela, nos Églises devraient porter constamment notre attention sur Dieu à travers Christ, lui qui est bon, généreux et rempli de grâce. Nous mettons notre confiance en lui et en sa grâce pour notre salut, et non dans la force de nos émotions.

SAUVÉS *À CAUSE* DE L'AMOUR DE DIEU

Pourquoi Dieu sauve-t-il des pécheurs ? Parce qu'il les aime. Revenons encore à Éphésiens 2 : « Mais Dieu, qui est riche en miséricorde, à cause du grand amour dont il nous a aimés, nous qui étions morts par nos offenses, nous a rendus vivants avec Christ (c'est par grâce que vous êtes sauvés) » (v. 4,5 ; voir aussi Tit 3.4,5).

Les Écritures présentent toujours l'amour de Dieu de cette manière. Il paraît malgré nos péchés et notre rébellion. Paul dit ailleurs : « Mais Dieu prouve son amour envers nous, en ce que, lorsque nous étions encore des pécheurs, Christ est mort pour nous » (Ro 5.8). Ce n'est pas « à cause de cela, Dieu vous aime », mais toujours « malgré cela, Dieu vous aime ».

Le langage de l'amour de Dieu prend forme dans l'élection. Dieu choisit d'aimer. Il n'est pas obligé de nous aimer. En fait, il aurait tous les droits de ne pas nous aimer, mais il nous aime quand même.

L'amour de Dieu pour nous n'est pas un coup de tête. Il n'est pas un amour spontané à la dernière minute comme un mari qui se rappellerait soudainement son anniversaire de mariage : « Oh non ! C'est bientôt notre anniversaire. Qu'est-ce que je devrais faire ? » Dieu est un bien meilleur amoureux que cela. Avant même la fondation du monde, Dieu a choisi d'aimer son peuple. Il a planifié une manière d'exprimer son amour à travers la grâce extravagante de l'Évangile. Il n'a rien laissé au hasard. Ensuite, il a exécuté ce plan au prix de sa vie.

Si l'un de mes enfants venait me voir et me disait : « Papa, je veux que tu m'aimes, alors je serai très gentil aujourd'hui », j'en serais blessé. « Tu ne me comprends pas ? Tu ne comprends pas mon amour pour toi ? » C'est ce que je lui dirais. « Je ne t'aime pas parce que tu es gentil. Je t'aime parce que tu es à moi. » De la même manière, Dieu ne nous aime pas parce que nous l'aimons et lui obéissons. En fait, nous ne faisons aucun des deux ! Dieu nous aime parce qu'il nous aime (voir De 7.7,8). Il nous aime parce qu'il nous a choisis et que nous lui appartenons.

Si nous renversons cette idée de manière à ce que Dieu nous aime parce que nous avons choisi de l'aimer, le christianisme devient une religion d'autojustification. Dans un tel cas, Dieu est obligé de nous sauver à cause de notre amour, notre choix, notre sincérité. C'est notre foi, et non son amour, qui devient le facteur décisif. C'est ainsi que nous introduisons l'orgueil dans le cœur et l'âme de nos Églises. L'Évangile a été tourné à l'envers.

Dieu ne nous sauve pas en raison de qui nous sommes, mais en dépit de nous. Pourquoi ? Parce qu'il nous aime.

SAUVÉS *POUR FAIRE PARTIE* DU PEUPLE DE DIEU

Quand Dieu nous sauve, il nous introduit dans une relation avec lui. Non seulement ça, il nous intègre dans une communauté.

- « J'ai encore d'autres brebis, qui ne sont pas de cette bergerie : celles-là, il faut que je les amène ; elles entendront ma voix, et il y aura un seul troupeau, un seul berger » (Jn 10.16).
- « Il nous a délivré de la puissance des ténèbres et nous a transportés dans le royaume de son Fils bien-aimé » (Col 1.13).
- « Vous, au contraire, vous êtes une race élue, un sacerdoce royal, une nation sainte, un peuple acquis » (1 Pi 2.9).
- « Vous qui autrefois n'étiez pas un peuple, et qui maintenant êtes le peuple de Dieu, vous qui n'aviez pas obtenu miséricorde, et qui maintenant avez obtenu miséricorde » (1 Pi 2.10).

Nous sommes des sujets du royaume, des prêtres, les citoyens d'une nation, un peuple, une partie du troupeau. La même idée se retrouve dans chacune de ces différentes images. Dieu nous sauve un par un, mais il nous rassemble pour que nous soyons en relation les uns avec les autres. C'est une part de la réalité de notre salut. La réconciliation avec Dieu est aussi une réconciliation avec son peuple, de la même manière qu'un enfant adopté a non seulement de nouveaux parents, mais aussi de nouveaux frères et sœurs. Remarquons la structure de la phrase de 1 Pierre 2.10 : *devenir un peuple* vient avec le fait d'*obtenir miséricorde.*

Depuis le jardin d'Éden, en passant par Abraham et ses descendants, par Israël et jusqu'à la nouvelle Jérusalem, Dieu a toujours tâché de sauver un peuple pour son Fils.

La nature collective de notre salut est merveilleusement décrite dans Éphésiens 2. Après avoir présenté notre salut personnel par la grâce de Dieu dans les versets 1 à 10, Paul explique ensuite la nature collective du salut aux versets 11 à 22. Christ « a fait » que les Juifs et les non-Juifs soient « un ». Notons que le temps de verbe est au passé. Cela a été accompli à la croix. C'est Christ « qui a renversé le mur de séparation, l'inimitié » (v. 14). Il a créé en lui-même « avec les deux un seul homme nouveau, en établissant la paix » (v. 15). Il l'a fait afin de « les réconcilier avec Dieu l'un et l'autre en un seul corps, par la croix, en détruisant par elle l'inimitié » (v. 16). Le résultat est que des croyants ayant autrefois été en guerre les uns contre les autres ne sont « plus des étrangers ni des gens du dehors ; mais *[sont]* concitoyens des saints, gens de la maison de Dieu » (v. 19). À présent, l'Église, « bien *[coordonnée]*, s'élève pour être un temple saint dans le Seigneur » (v. 21) et est « une habitation de Dieu en Esprit » (v. 22).

La croix, qui nous a réconciliés avec Dieu, nous a du même coup réconciliés les uns avec les autres. Christ a réuni en lui-même tous nos procès devant la cour de justice de Dieu. Un seul représentant, un seul sacrifice de substitution, pour « créer en lui-même avec les deux un seul homme nouveau » (v. 15). Après la croix, cette réconciliation continue. La paix règne parce que les deux ont « accès auprès du Père, dans un même Esprit » (v. 18). C'est à ce point-là que notre salut est collectif. Nous sommes « un seul homme nouveau », c'est-à-dire une nouvelle race d'Adam et Ève. Nous sommes des « gens de la maison de Dieu » (v. 19), rappelant le symbolisme de la famille dans l'histoire d'Abraham dans Genèse 12. Nous sommes « concitoyens des saints » (v. 19) selon l'image du royaume d'Israël dans Exode 19. Nous sommes « un temple saint dans le Seigneur » (v. 21) et « une habitation de Dieu en Esprit » (v. 22), suivant les promesses de Dieu à travers les Écritures qu'il vivrait au milieu de son peuple.

On ne parle pas d'une espérance future. Paul ne nous dit pas de *devenir* ce genre de communauté. Il nous dit que Dieu *a déjà accompli* tout ça à travers l'œuvre de Christ. Le seul commandement qui se trouve dans cette section est celui de se « souvenir » de l'œuvre de Dieu. Il nous a sauvés pour que nous soyons sa communauté d'alliance.

Les commandements apparaissent deux chapitres plus tard. Dans Éphésiens 4, Paul nous exhorte à nous supporter les uns les autres dans l'amour et à maintenir l'unité de l'Esprit dans les liens de la paix (v. 2,3). Après tout, il dit qu'il n'y a qu'un seul corps, un seul Esprit, un seul Seigneur, une seule foi, un seul baptême et un seul Dieu qui est au-dessus de tous, parmi tous et en tous (v. 4-6).

Dieu nous a unis; nous devons donc agir en conséquence.

Qu'est-ce que la nature collective de notre conversion implique dans la pratique ? Le moins qu'on puisse dire, c'est qu'elle relie la conversion à l'adhésion à une Église. Je serai toujours reconnaissant envers une certaine Église de la

Nouvelle-Angleterre et à son groupe de jeunes pour avoir grandement aidé mon épouse à trouver le salut. Ils lui ont partagé l'Évangile avec patience, l'ont formée, l'ont baptisée. Malheureusement, ils n'ont jamais discuté avec elle de l'importance de se joindre à l'Église en tant que membre.

On n'obtient pas le salut en étant membre d'une Église. Pourtant, dans le Nouveau Testament, on ne peut pas nier le fait que lorsque les gens croyaient, ils étaient ajoutés à l'Église (Ac 2.41,47 ; 5.14 ; 11.21-26 ; 14.21-23). Ce n'était pas optionnel, c'était inévitable. Les apôtres enseignaient que c'est à travers l'Église locale que nous expérimentons la réalité de l'Église universelle à laquelle les chrétiens ont été unis en Christ. Remarquons la progression dans Éphésiens 2.19-22. Paul dit, aux versets 19 et 21, que nous sommes *tous* des concitoyens des saints et un temple saint pour le Seigneur. Ensuite, au verset 22, il s'adresse spécifiquement à l'Église locale d'Éphèse : « vous êtes aussi édifiés pour être une habitation de Dieu en Esprit ». C'est comme si Paul disait : « ce que Dieu a fait en nous *tous*, il le fait maintenant *en vous* de manière concrète et précise ». L'Église universelle se manifeste, en chair et en os, à travers l'Église locale.

Un raisonnement familier est à l'œuvre ici. Nous enseignons, à partir du Nouveau Testament, que ceux qui sont *déclarés* justes en Christ doivent *chercher* la droiture dans leur vie quotidienne. De la même manière, ceux qui sont *déclarés* membres du corps de Christ doivent *chercher* à être membres d'un groupe de chrétiens, d'une Église locale. Si nous ne cherchons pas à être membres d'une Église locale et visible, sommes-nous réellement membres de l'Église universelle et invisible ? Qui peut le dire ?

À ce point-ci, il devrait être clair que puisque notre salut comprend un aspect collectif, tout livre sur la doctrine de la conversion devrait aussi être un livre sur l'Église.

SAUVÉS *POUR* LA GLOIRE DE DIEU

Le but ultime de notre salut n'est pas notre salut lui-même. Il s'agit plutôt de la gloire de Dieu. Dieu dit, au sujet du salut et par l'intermédiaire du prophète Ésaïe : « C'est pour l'amour de moi, pour l'amour de moi, que je veux agir [...] Je ne donnerai pas ma gloire à un autre » (És 48.11). Il dit la même chose à travers le prophète Ézéchiel. En parlant de la nouvelle alliance, Dieu déclare : « Ce n'est pas à cause de vous que j'agis de la sorte, maison d'Israël ; c'est à cause de mon saint nom » (Éz 36.22).

Voilà pourquoi Dieu a agi par son Fils. Éphésiens 2 décrit l'œuvre personnelle et collective du salut, comme nous en avons parlé tout au long de ce chapitre. Pourtant, Éphésiens 1 nous montre le motif derrière tout cela : « célébrer sa gloire » (v. 12,14). De plus, Éphésiens 3 affirme que ce n'est pas seulement le salut d'un individu qui glorifie Dieu. C'est *notre* salut. L'intention de Dieu était que « les dominations et les autorités dans les lieux célestes connaissent aujourd'hui par l'Église la sagesse infiniment variée de Dieu » (v. 10). C'était là le « dessein éternel » (v. 11) de Dieu.

Ce nouvel homme, l'Église, ne ressemble à rien de ce que le monde a déjà vu. Son unité n'est pas basée sur une ethnie, une culture ou une classe sociale, mais sur une personne : Jésus-Christ, la révélation de la sagesse de Dieu (1 Co 1.22-30 ; Col 2.2,3). Dorénavant, en Christ, l'Église devient la révélation de la sagesse de Dieu pour tout l'univers qui l'observe.

Par nous-mêmes, nous ne pouvons révéler la sagesse de la réconciliation de Dieu avec son peuple et les uns avec les autres. Il nous faut une Église locale, où ceux qui étaient autrefois ennemis pratiquent l'amour et le pardon les uns envers les autres, même lorsqu'ils pourraient trouver de nombreuses raisons de ne pas le faire.

Néanmoins, lorsque nous nous méprenons sur le but de notre salut, nous nous attirons des problèmes. Si nous pensons que Jésus nous a sauvés pour nous rendre heureux, comblés ou prospères, nous serons tentés de l'abandonner quand ces choses tarderont à se manifester dans notre vie. Au lieu de croire que notre salut sert à la gloire de Dieu, nous supposerons que la vie chrétienne ne concerne que nous, nos dons, notre appel et comment nous pouvons être comblés. L'Église locale deviendra alors une scène pour réaliser notre potentiel, une arène où nous exhiberons nos dons en spectacle, une audience à notre propre vanité.

Mais tout change lorsque nous comprenons que notre salut est pour la gloire de Dieu. Le but de la vie chrétienne n'est plus de réclamer « ses droits en tant que chrétien », mais de s'offrir au service des autres. L'Église n'est plus un débouché pour notre appel et nos dons, c'est une communauté où la grâce de Dieu est démontrée. Le mystère réside dans le fait que la « vie heureuse et comblée » survient lorsque nous cessons de *la* poursuivre et qu'au lieu de cela, nous nous mettons à poursuivre *Dieu* et à trouver dans sa glorification la satisfaction pour laquelle nous avons été créés.

Nous ne sommes pas sauvés par notre sincérité. Ni par des émotions intenses ni par notre amour pour Dieu ou nos bonnes œuvres. Nous sommes sauvés par l'œuvre de la grâce de Dieu en Christ. Lorsque nos Églises comprennent cela et vivent cette réalité ensemble, nous démontrons au monde entier que la conversion chrétienne n'est pas comme changer de parti politique ou de dénomination. Ce n'est pas un simple changement d'idée ou de sentiment. La conversion chrétienne est un sauvetage. C'est un sauvetage de la mort à la vie, de la colère au pardon, de l'esclavage à la liberté. C'est un sauvetage opéré par Dieu. Lui seul peut le faire.

Le compositeur d'hymnes Charles Wesley l'a bien dit : « Quand mon âme était prisonnière des ténèbres et du péché, les purs rayons de ta lumière, ô Christ, dans ma nuit m'ont cherché, ce feu divin m'a fait renaître, et me voici, mon Roi, mon Maître[3] ! »

La conversion est premièrement un acte de Dieu, bien avant qu'elle soit le nôtre. Nous devons *être sauvés* et nous le sommes en Christ.

La conversion implique tout de même notre action. Nous nous levons, nous avançons et nous suivons. Et c'est maintenant sur notre responsabilité que nous nous attarderons.

3

DES DISCIPLES, PAS DES DÉCISIONS

La nature de notre réponse

À l'âge de dix-huit ans, je suis devenu un supporteur des Red Sox de Boston. J'ai grandi dans un État qui n'avait pas d'équipe dans la Ligue majeure de baseball[1], donc je n'avais pas développé de loyauté pour une équipe locale. Je ne faisais qu'apprécier le jeu en général. Je me suis alors dit que j'y trouverais encore plus de plaisir si je devenais supporteur d'une équipe. Je me suis donc assis pour lire la section *sport* du journal. J'ai étudié les statistiques et les classements, puis j'ai choisi les Red Sox. En réalité, c'était aussi un choix de style de vie.

Trente ans plus tard, je suis encore un supporteur des Red Sox. Toutefois, je ne crois pas que tous les autres supporteurs seraient contents que je dise cela. Ce n'est pas que j'encourage une autre équipe. C'est simplement qu'avec une vie bien remplie, je n'ai plus le temps de regarder les matchs à la télévision, d'étudier les statistiques ou de me mettre à jour sur les échanges et les joueurs prometteurs. S'ils se rendent dans les séries éliminatoires, je vais probablement regarder les matchs, sauf si j'ai une réunion, qu'un de mes enfants a besoin d'aide avec ses devoirs ou que ma femme a besoin de moi pour quelque chose.

La décision que j'avais prise demeure valide, mais peu de choses manifestent les effets de mon choix aujourd'hui.

Pour de nombreuses personnes aujourd'hui, surtout en Occident, la conversion religieuse est comme ma décision de devenir un supporteur des Red Sox. Je ne veux pas dire que la conversion religieuse se fait à la légère comme le choix d'une équipe de sport, mais dans notre culture, le choix personnel est au cœur de ces deux décisions. C'est le choix d'un style de vie.

Pour la plus grande part du monde chrétien évangélique, cette décision se rattache à la doctrine de l'assurance du salut. « Une fois sauvé, toujours sauvé », comme on dit. Le plus important, c'est de prendre cette décision. Alors, prenons-la, peu importe ce que nous ferons du reste de notre vie.

Tout récemment, un homme est venu me rencontrer dans mon bureau. Il m'a dit qu'il avait choisi de suivre Jésus dans sa jeunesse. Sa décision était sincère et bien sentie. Pourtant, comme pour moi et les Red Sox, sa vie était devenue bien remplie. Le mariage, le travail, les enfants, la maison, tout cela le tenait trop occupé pour aller à l'église et pratiquer les disciplines spirituelles. Personne n'aurait pu savoir qu'il était chrétien à moins qu'il le leur dise. Il m'a avoué qu'il était alcoolique et qu'après avoir été sobre pendant plusieurs années, il avait recommencé à boire dernièrement.

Il était venu me voir parce qu'il m'avait entendu prêcher à des funérailles. J'avais alors expliqué que le pardon de Christ appartenait à ceux qui se détournaient de leurs péchés et qui mettaient leur foi en Christ pour le suivre. Comme Jésus dans Marc 1, j'avais offert l'espoir de l'Évangile à tous ceux qui se repentiraient et croiraient (Mc 1.15). Ce qui avait troublé l'homme en question était l'idée qu'être chrétien voulait dire de se repentir et de suivre Jésus. Sa décision passée avait été sincère, mais peut-être qu'il n'était pas chrétien après tout. Il n'avait pas vraiment suivi Jésus. Avais-je quelque chose à lui dire pour l'aider ?

Notre rôle dans la conversion se limite-t-il à « prendre une décision » ? Est-ce que c'est la même chose que de se repentir et de croire ? Sachant que l'éternité est en jeu, nous voulons bien saisir ce qu'est la conversion et comprendre ce que veut dire le fait de se repentir et de croire.

UNE CONVERSION MODÈLE

Dans les deux premiers chapitres de ce livre, j'ai démontré que la conversion est fondamentalement un acte divin. Dieu doit faire de nous de nouvelles créatures. Il doit nous régénérer. Il doit agir pour nous sauver. Il doit nous justifier, nous pardonner et nous unir à lui-même et à son peuple.

Or, la Bible démontre que nous avons aussi une part de responsabilité, un rôle à jouer, dans la conversion. Dieu n'a jamais fait de qui que ce soit un chrétien contre son gré. Nous devons répondre au message de l'Évangile et devenir des chrétiens. Le langage biblique pour notre réponse est ce que j'ai prêché lors des funérailles mentionnées plus tôt : tous doivent se repentir de leurs péchés et croire en la bonne nouvelle de Jésus-Christ.

Si nous voulons savoir comment devenir des chrétiens, Paul nous dit de regarder l'exemple des Thessaloniciens. Ils ont bien répondu à l'Évangile, alors nous pouvons les imiter. Paul n'utilise pas les mots *se repentir et croire*, mais c'est exactement ce que les Thessaloniciens ont fait. Paul leur dit :

> Notre Évangile ne vous a pas été prêché en paroles seulement, mais avec puissance, avec l'Esprit-Saint, et avec une pleine persuasion [...]. Et vous-mêmes, vous avez été mes imitateurs et ceux du Seigneur, en recevant la parole au milieu de beaucoup d'afflictions, avec la joie du Saint-Esprit, en sorte que vous êtes devenu un modèle pour tous les croyants de la Macédoine et de l'Achaïe (1 Th 1.5-7).

Paul a prêché la parole de l'Évangile de Dieu par la puissance de l'Esprit. Les Thessaloniciens ont été convaincus de péché. Malgré leur affliction, ils ont changé et sont devenus les imitateurs de Paul puisqu'ils connaissaient la joie de Dieu. Le changement dans leurs vies était si évident qu'ils sont devenus des exemples à suivre pour les Églises d'autres nations.

LA CONVERSION REQUIERT LA REPENTANCE

Pour devenir chrétiens, nous devons nous repentir de nos péchés. L'idée de base de la repentance est de *se tourner*. Remarquons le parallèle entre le mot *repentance* et l'action de se tourner dans le livre des Actes :

- « Maintenant donc, changez et tournez-vous vers Dieu pour qu'il efface vos péchés » (Ac 3.19 ; *Semeur*).
- « [...] de se repentir et de se tourner vers Dieu, en faisant des œuvres convenables à la repentance » (Ac 26.20*b* ; *Darby*).

De façon similaire, quand Paul décrit la conversion des Thessaloniciens, il décrit un revirement radical ou une réorientation : « vous vous êtes tournés vers Dieu en vous détournant des idoles pour servir le Dieu vivant et vrai » (1 Th 1.9 ; *Semeur*). Ce n'était pas seulement un revirement moral ou comportemental. C'était une réorientation de leur adoration. Leurs cœurs se sont détournés de l'adoration des idoles pour adorer Dieu.

Une idole est une chose ou une personne, quelle qu'elle soit, sans quoi ou sans qui, nous ne pouvons être heureux ou comblés. Pratiquement n'importe quoi peut être une idole : le sexe, l'argent, les opinions des autres à notre sujet, la sécurité, le contrôle, le confort. L'idole la plus populaire de tous les temps est le moi. Je suis mon idole favorite. Vous êtes votre idole favorite. Et nous voulons que les autres adorent aussi notre idole favorite.

Nous avons été créés pour adorer et si nous n'adorons pas Dieu, nous adorerons quelque chose d'autre.

Dans ce cas, appeler les gens à la repentance signifie de les appeler à une réorientation de leur adoration. Qui, ou quoi, adorons-nous à la place de Dieu ? Où investissons-nous notre temps, notre énergie, notre argent, nos loisirs ? Qu'est-ce qui nous met en colère ? Qu'est-ce qui nous donne de l'espoir et du réconfort ? Quelles sont nos aspirations pour nos enfants ?

Les idoles font bien des promesses, même si elles ne peuvent pas les garder.

LA FAUSSE REPENTANCE

La repentance est l'échange de nos idoles pour Dieu. Avant d'être un changement de comportement, ce doit être un changement d'adoration. C'est bien différent de ce que nous pensons souvent au sujet de la repentance.

Nous considérons trop souvent la repentance comme un appel à nettoyer notre vie. Nous accomplissons le bien pour compenser le mal. Nous essayons d'équilibrer la balance ou même de la faire pencher du côté du bien. Parfois, nous parlons de la repentance comme si c'était une résolution du Nouvel An très sérieuse.

- Je ne me mettrai plus soudainement en colère contre mes enfants.
- Je ne regarderai plus jamais de pornographie.

- Je ne tricherai plus sur mes heures au travail.
- Je ne parlerai plus dans le dos de mon patron.

Pourtant, même si nous améliorons notre comportement dans un domaine ou un autre, nos cœurs seront toujours voués aux idoles.

Les pharisiens le démontrent bien. Ils avaient la conduite la plus respectable de la Palestine, et ils étaient le genre de personnes qu'on aimerait avoir comme voisins. Ils ne laissent jamais leurs enfants balancer leurs vélos dans notre cour. Ils ne font pas des fêtes bruyantes et ne laissent pas de mégots dans nos parterres de fleurs. Ils nettoient toujours les crottes de leurs chiens. Ils sont des gens bien. Malgré cela, Jésus les a traités de sépulcres blanchis : propres au-dehors, remplis d'impuretés à l'intérieur (Mt 23.27). Ce que je veux dire, c'est que ce ne sont pas que les mauvaises personnes qui sont idolâtres. Même les bonnes personnes, les gens moraux et religieux, sont idolâtres. La repentance n'est pas la même chose que la volonté morale.

Nous parlons parfois de la repentance comme d'un sentiment de culpabilité par rapport à nos actions. Nous nous sentons coupables si nous sommes pris en flagrant délit. Nous nous sentons coupables si nous ne sommes pas pris. Nous nous sentons coupables si nous décevons quelqu'un ou si nous nous décevons nous-mêmes. Être convaincu de notre culpabilité fait assurément partie de la repentance, mais nous pouvons tout de même nous sentir coupables d'un péché et continuer d'aimer ce péché. Tous ceux qui sont tombés sous l'emprise de la luxure peuvent en témoigner. « Comme un chien qui retourne à ce qu'il a vomi, ainsi est un insensé qui revient à sa folie » (Pr 26.11). La repentance n'est pas un sentiment.

LA VRAIE REPENTANCE

La vraie repentance est une nouvelle adoration. Elle a l'apparence d'une vie changée, mais ce changement de comportement provient d'une adoration différente, et non l'inverse.

La repentance est la conviction venant du Saint-Esprit de l'horreur de nos péchés ; pas l'horreur de nos actes mauvais, mais de la traîtrise de nos cœurs envers Dieu.

La repentance signifie de haïr ce que nous aimions et servions auparavant – nos idoles – et de nous en détourner.

La repentance consiste à nous tourner vers Dieu pour l'aimer et le servir au lieu de le haïr. C'est la nouvelle loyauté la plus profonde de notre cœur.

Si la repentance est réellement un changement d'adoration, nos Églises ne devraient pas mettre de la pression sur les gens pour qu'ils prennent une « décision » hâtive et irréfléchie pour Jésus et ensuite leur offrir l'assurance de leur salut tout aussi rapidement. Au lieu de cela, nous devons appeler les gens à la repentance. Quand nous séparons la conversion de la repentance, soit parce que nous croyons qu'elle peut venir plus tard ou soit parce que nous ne voulons pas faire peur aux gens, nous réduisons la conversion au fait de se sentir mal ou de prendre une résolution morale. Le pire, c'est que nous risquons d'assurer un « converti » qu'il est justifié devant Dieu alors qu'il ne l'est pas. C'est comme si nous administrions un vaccin contre l'Évangile.

On sait comment les vaccins fonctionnent. Ils se servent d'un agent viral ou bactérien affaibli pour faire croire au corps qu'il est infecté et pour qu'il produise des anticorps. Ensuite, quand une vraie infection survient, le corps est bien équipé pour la combattre. De la même manière, l'appel à « prendre une décision » sans repentance risque non seulement de créer un faux converti, mais aussi de les immuniser contre le vrai Évangile. Ils croient qu'ils sont déjà chrétiens ! Nous doublons la dose en disant qu'« une fois sauvé, toujours sauvé ».

À quoi ressemble un faux converti ? Bien souvent, c'est quelqu'un qui :

- est enthousiaste à propos du ciel, mais ennuyé par les chrétiens et par l'Église locale ;
- croit que le ciel sera merveilleux, que Dieu y soit ou non ;
- aime Jésus, mais ne s'est pas engagé au reste : l'obéissance, la sainteté, la formation de disciples, la souffrance ;
- ne peut pas faire la différence entre l'obéissance motivée par l'amour et le légalisme ;
- est dérangé par les péchés d'autrui plus que par les siens ;
- tient la grâce en faible estime et son propre confort en haute estime.

À l'opposé, comment le Nouveau Testament définit-il un vrai chrétien ? D'après 1 Jean, le vrai chrétien est quelqu'un qui :

- aime les autres chrétiens et l'Église locale à cause de son amour pour Dieu (5.1) ;
- désire une communion avec Dieu, pas juste un billet pour le ciel (1.6,7 ; 5.1) ;
- comprend que de suivre Jésus implique d'être un disciple (1.6) ;
- obéit à Dieu par amour pour lui (5.2,3) ;
- veut confesser ses péchés et s'en détourner (1.9) ;
- considère la grâce comme étant précieuse et ses propres désirs comme étant peu importants (1.7,10).

Devenir chrétien, c'est de mener une vie de repentance. Dans les mots de Jésus, il s'agit de prendre sa croix et de le suivre. Cela débute à un moment précis dans le temps, mais se poursuit dans une vie de service et d'amour pour Dieu. Dietrich Bonhoeffer l'a bien dit : « Quand Christ appelle un homme, il lui dit : viens et meurs[2] ! ».

LA CONVERSION REQUIERT LA FOI

Si la moitié de la confusion concernant la conversion provient de la repentance, l'autre moitié provient de la croyance ou la foi. Pour être chrétien, il ne suffit pas de se repentir, mais il faut aussi croire à la bonne nouvelle de Jésus. Jésus a dit : « Repentez-vous, et croyez à la bonne nouvelle » (Mc 1.15).

Dans le modèle de conversion mentionné plus tôt, Paul a décrit les Thessaloniciens comme « *[attendant]* des cieux son Fils, qu'il a ressuscité des morts, Jésus, qui nous délivre de la colère à venir » (1 Th 1.10). Remarquons que Paul résume la bonne nouvelle de l'Évangile dans ce verset. Jésus, après la résurrection des morts, promet de nous délivrer de la colère à venir. En réponse à cela, les Thessaloniciens « s'attendent » à Jésus venant du ciel. Peut-être qu'il n'existe pas de meilleure description du fait de croire que celle de *s'attendre* à Jésus venant des cieux.

CE QUE LA FOI N'EST PAS

La foi, ou la croyance, est plus que d'accepter mentalement une série d'idées. Bien sûr, accepter mentalement la vérité de l'Évangile en fait partie. Or, Jacques nous prévient que les démons croient aussi en la vérité à propos de Dieu et ils tremblent (Ja 2.19).

La foi n'est pas comme une formule magique. Oui, il faut « confesser de notre bouche que Jésus est Seigneur et croire de tout notre cœur que Dieu l'a ressuscité des morts », comme l'a dit Paul (Ro 10.9). Ce n'est pourtant pas une incantation magique. Dites les bons mots et aussitôt vous êtes sauvés. Malheureusement, les évangéliques ont dit aux gens de prier ces mots « Jésus-Christ, je suis un pécheur, pardonne mes péchés » et ils les assuraient qu'ils étaient sauvés. C'est comme si les mots avaient une puissance en eux-mêmes. Les catholiques romains ont enseigné que la bonne personne qui dit les bons mots transforme le vin en sang ou rend l'eau du baptême à même de régénérer les nourrissons. Les musulmans enseignent que de dire trois fois, en arabe et devant des témoins, « il n'y a pas d'autre Dieu qu'Allah et Mahomet est son prophète » suffit pour devenir musulman. Or, comment une simple formule pourrait-elle transformer un cœur adorant des idoles en un cœur qui adore Dieu ?

La foi n'est pas d'être spirituel, d'appartenir à une communauté religieuse ou de rechercher une direction spirituelle. Ça pourrait inclure ces choses, mais aujourd'hui bien des gens se voient comme étant spirituels ou prétendent être dans un cheminement, sans pour autant connaître quoi que ce soit de Dieu tel qu'il s'est révélé en Jésus-Christ.

CE QUE LA FOI EST

La foi chrétienne est la confiance complète que Dieu accomplira ses promesses dans l'Évangile. Les Thessaloniciens n'ont signé aucun document et n'ont pas récité de prières spéciales lors de conversion. Ils ont commencé à s'attendre à Jésus et cela s'est manifesté dans leurs vies. Les Juifs parmi eux ont cessé de se confier dans la loi de Moïse pour se justifier. Les Grecs ont arrêté de dépendre de leurs idoles. Ils ont tous cessé de se confier dans leurs richesses. Au lieu de cela, ils se sont mis à dépendre des promesses de l'Évangile de Dieu. Ce qui les attendait n'était plus le jugement et la condamnation, mais la vie éternelle avec Dieu. À cause de cela, ils se sont mis à vivre différemment. Tout le monde pouvait le voir. La foi a changé leurs vies, non seulement parce qu'elle prend les promesses de Dieu et les lui répète en prière, mais aussi parce qu'elle *s'appuie* sur ces promesses.

Il n'y a pas longtemps, un de mes enfants est tombé gravement malade. Nous savions que cette maladie pouvait le désorienter complètement et même le faire délirer pendant un certain temps. Donc pendant qu'il était encore conscient, je l'ai regardé dans les yeux et lui ai dit: « Peu importe ce qui arrive, souviens-toi de deux choses : je t'aime et tu peux me faire confiance. » Quand le délire l'a pris, mon fils ne pouvait plus comprendre ce qui se passait autour de lui. Néanmoins, il me regardait et je lui redisais : « Je t'aime. Tu peux me faire confiance ». Il savait qu'il pouvait s'appuyer sur ces promesses.

Voilà ce qu'est la foi. La foi a confiance en Dieu, en son caractère, en son amour, elle s'appuie donc sur les promesses de l'Évangile et sur rien d'autre. C'est pourquoi Jacques dit que la foi sans les œuvres est morte (Ja 2.17). S'appuyer, se confier, suivre et œuvrer sont quelques actions de la vraie foi.

QUELLE FOI ENSEIGNONS-NOUS ?

Qu'est-ce que cette compréhension de la foi implique pour la vie de l'Église ?

Tout d'abord, elle change ce que nous enseignons et la manière dont nous offrons l'assurance du salut. Elle change l'objet de notre dépendance. Enseigner le moralisme nous amène à dépendre de nos bonnes actions. Enseigner la sincérité nous fait dépendre de nos expériences émotionnelles et de la culture de la reconsécration. Enseigner la spiritualité nous amène à dépendre de notre cheminement et non de l'espérance d'une destination. Enseigner le « décisionnisme » nous fait dépendre de cette prière que nous avons faite dans un camp de vacances ou dans une retraite pour les couples.

Paul dit : « Examinez-vous vous-mêmes, pour savoir si vous êtes dans la foi » (2 Co 13.5). Paul ne nous dit pas d'examiner nos décisions passées ou si nous nous sentons spirituels. Il dit aux chrétiens d'examiner leurs vies présentes. La foi qui sauve s'agrippe à Christ et ne le lâche pas. Tout comme la repentance, elle laisse des traces à travers toute la vie du croyant. En tant qu'Églises, nous voulons chercher les évidences de la grâce de Dieu dans la vie des autres et les souligner les uns aux autres.

QUELLE FOI OFFRONS-NOUS ?

Notre compréhension de la foi biblique affectera aussi notre évangélisation. Si l'Évangile sans la repentance produit de faux convertis, il en est de même pour l'évangélisation sans une compréhension adéquate de la foi. Traiter cette dernière comme un crédo ou une adhésion mentale produit des « pharisiens », comme le diraient les puritains. Ces gens peuvent expliquer l'Évangile. Ils sont en accord avec son message.

Ils ont fait la prière. Ils ont peut-être même été touchés à ce moment-là. Mais ils ne connaissent pas Jésus et ne s'appuient pas sur ses promesses, comme on le constate dans leur vie, leurs relations et leur caractère. Jean l'a bien dit : « Si quelqu'un dit : "J'aime Dieu" et qu'il haïsse son frère, c'est un menteur ; car celui qui n'aime pas son frère qu'il voit, comment peut-il aimer Dieu qu'il ne voit pas ? » (1 Jn 4.20.)

Depuis le début du XIXe siècle, les chrétiens évangéliques ont tendance à décrire la conversion comme une décision. Levez vos mains ! Avancez-vous devant l'estrade ! Quel est le fruit d'avoir transformé la conversion en décision ? Des églises remplies de gens se disant chrétiens, mais dont les vies ne se distinguent pas de celles des gens du monde. Un taux de divorce comparable. Du matérialisme endémique. Usage répandu de pornographie. Des « membres » d'Église qui ne s'y présentent que rarement, voire jamais. Le problème n'est pas que les chrétiens dans les Églises pèchent encore. Bien sûr que nous péchons. Le problème est que nous avons dans nos Églises des « chrétiens » qui n'en sont pas. Nous les avons assurés qu'ils étaient sauvés et leur avons dit de ne jamais laisser quelqu'un remettre cela en doute.

Nous nous vantons de ces « décisions » et voyons notre évangélisation comme un grand succès, à notre honte. Et pourtant, où se trouve la grande majorité de ces « convertis » après un an ? Pourquoi étions-nous si excités ? J'ai bien peur que notre excitation provenait du fait qu'ils étaient *nos* convertis. Cela me fait penser à l'histoire de Charles Spurgeon à propos du pasteur Roland Hill. Un homme ivre a abordé le pasteur Hill un jour et lui a dit : « Monsieur, je suis l'un de vos convertis. – Je veux bien le croire, lui répondit le prédicateur, car si vous étiez un converti *de Dieu*, vous ne seriez pas dans cet état[3] ! »

Quand les bureaux, les écoles et les terrains de jeux sont remplis de *nos* convertis, le monde réplique : « Si c'est ça un chrétien, pourquoi est-ce que je devrais me préoccuper de Jésus ? »

On peut facilement récolter, manipuler et collectionner les décisions. Or, Jésus nous a dit d'aller et de faire des disciples. Pas des décisions, pas des convertis, mais des disciples : des gens qui suivent Jésus toute leur vie en supportant les épreuves et en portant leur croix.

COMMENT DÉMONTRONS-NOUS NOTRE FOI ?

Finalement, notre compréhension de la foi biblique a une incidence sur l'adhésion comme membre à une Église.

Nous ne devrions pas avoir des critères plus élevés que ceux de Jésus, mais nous ne devrions pas en avoir moins que lui non plus. Comment Jésus a-t-il appelé les gens à répondre à la bonne nouvelle ? « Repentez-vous, et croyez à la bonne nouvelle » (Mc 1.15). C'est exactement ce qu'ont fait les premiers disciples. Ils ont quitté leurs anciennes vies et ont suivi Jésus dans la repentance et la foi.

Dans ce cas, comment les apôtres ont-ils appelé les gens à répondre à la bonne nouvelle ? Le jour de la Pentecôte,

Pierre s'est adressé aux foules de Jérusalem en disant : « Repentez-vous, et que chacun de vous soit baptisé au nom de Jésus-Christ, pour le pardon de vos péchés ; et vous recevrez le don du Saint-Esprit » (Ac 2.38).

Avez-vous remarqué le changement de vocabulaire ? « Repentez-vous et croyez » est devenu « repentez-vous et soyez baptisés ». Pierre ne disait pas que le baptême sauve. Il disait plutôt que le moyen de démontrer sa foi est à travers le baptême. C'est de cette manière que la foi se démontre publiquement et « signe en bas de la feuille », comme on dit.

Prenons un peu de recul. Dans Matthieu 16 et 18, Jésus confie les clés du royaume aux Églises locales pour qu'elles puissent confirmer formellement quelles sont les vraies confessions de l'Évangile et qui sont ceux qui le confessent vraiment. Puis, dans Matthieu 26 et 28, il instaure la cène et le baptême, les moyens par lesquels les Églises se servent des clés pour accorder l'assurance du salut à ceux qui confessent l'Évangile. C'est à travers le baptême qu'on reçoit l'assentiment public à notre profession de foi. C'est pour cette raison que les Églises baptisent au « nom » du Père, du Fils et du Saint-Esprit (28.19). « Voici le maillot de l'équipe ! » La cène offre cette reconnaissance sur une base régulière. « Puisqu'il y a un seul pain, nous qui sommes plusieurs, nous formons un seul corps ; car nous participons tous à un même pain » (1 Co 10.17). Prendre part à cette miche de pain unique affirme et révèle qui fait partie de ce seul corps. Une Église peut aussi révoquer l'acceptation de la profession de foi de quelqu'un à travers la discipline ou l'excommunication, en lui retirant le droit de prendre part au repas du Seigneur et d'être membre de l'Église.

En d'autres mots, Jésus n'a pas laissé derrière lui une foule d'individus se proclamant eux-mêmes chrétiens, ayant, à un certain moment, pris la « décision ». Au lieu de cela, il a laissé derrière lui une Église ayant l'autorité de baptiser et d'administrer la cène, ce qui n'est qu'une autre manière de dire qu'il a laissé ce que nous appelons « l'adhésion comme membre à une Église ». L'adhésion comme membre à une Église, d'un point de vue biblique, est notre affirmation des professions de foi et notre supervision mutuelle dans la formation de disciples en Christ, à travers le baptême et la cène.

Dans ce cas, lorsque nous baptisons les gens, nous devrions aussi les accepter ou les traiter comme des membres de notre Église. En d'autres mots, ce devrait être la norme de relier le baptême et la cène. L'un est la porte d'entrée de notre maison. L'autre est le repas familial continuel. Lorsque nous gardons ces deux choses ensemble, nous faisons plus qu'accepter une décision ponctuelle ; c'est de cette manière que nous attestons qu'une vie est transformée par la repentance continuelle. C'est de cette manière que nous avons la certitude que nos affirmations collectives sont intègres et que nous combattons contre les fausses conversions et le nominalisme chrétien.

Il y aura bien sûr des exceptions. Des visiteurs d'une autre Église pourraient se joindre à la cène si nous concluons que leur Église a confirmé leur profession de foi, conformément à l'Évangile, en les acceptant comme membres. Après tout, notre Église n'est pas la seule Église dans le monde. Dans d'autres occasions, nous pourrions baptiser quelqu'un qui déménagera bientôt dans une autre ville ou un autre pays. Cependant, ces exceptions ne devraient pas être la règle.

L'essentiel est qu'une foi qui s'identifie à la mort et la résurrection de Jésus ne peut être séparée d'une foi s'identifiant à son peuple. Gordon Smith a dit : « La conversion n'est pas seulement une conversion à Christ ; c'est aussi une initiation à la communauté chrétienne. La foi chrétienne est distinctement *sociale*[4] ». La vraie foi s'unit donc à une Église locale en même temps qu'à Dieu. Après que Pierre ait exhorté la foule à se repentir et à se faire baptiser, il est écrit que « ceux qui acceptèrent sa parole furent baptisés ; et, en ce jour-là, le nombre des disciples augmenta d'environ trois mille âmes » (Ac 2.41). Où ? Dans l'Église de Jérusalem.

DONNER L'ASSURANCE DU SALUT

Une compréhension biblique de la repentance et de la foi indique que les Églises doivent faire des disciples, pas des décisions. Le problème est que nos cœurs autosuffisants et craignant les hommes seront toujours tentés d'offrir l'assurance du salut rapidement. Nous devons pourtant être plus réfléchis dans notre façon de la donner.

J'ai déjà eu la chance de participer à une grande campagne d'évangélisation. Durant notre formation pour cet événement, on nous a dit de dire aux gens que nous aborderions que s'ils disaient simplement la prière imprimée sur la carte qu'on leur donnait, ils seraient assurés de leur salut, ils naîtraient de nouveau et ils passeraient l'éternité avec Dieu, et qu'ils n'avaient pas à douter de cette vérité. J'ai deux problèmes avec ce genre de stratégie.

Premièrement, elle encourage les gens à trouver leur assurance dans leur décision et la prière qu'ils ont faite ce jour-là. Or, la Bible ne nous enseigne pas à nous rappeler une certaine décision prise il y a longtemps. Elle nous dit d'examiner nos vies aujourd'hui pour savoir si nous sommes dans la foi (2 Co 13.5). La repentance et la foi sont-elles continuelles dans notre vie ? Pour paraphraser John Piper, ce n'est pas à cause de mon certificat de naissance que je sais que je suis en vie. Je sais que je suis en vie parce que je respire[5].

Deuxièmement, c'est l'Église qui devrait rassurer les gens par rapport à leur salut, à travers le baptême et l'adhésion comme membre. C'est de cette manière que Jésus l'a prévu. Organisons des événements d'évangélisation, mais dirigeons immédiatement les gens vers les Églises. Dans le contexte de la vie d'Église, ce sont les personnes qui nous connaissent et qui décideront de marcher avec nous à long terme qui nous rassureront sur notre salut. Ce n'est pas que les Églises ne feront plus d'erreurs, mais cette assurance, offerte à travers les ordonnances, devrait être liée à une communauté de gens vivant leur vie chrétienne ensemble.

Les Églises ne peuvent prétendre sonder les cœurs, mais Jésus a souvent confirmé notre habileté à faire une évaluation basée sur ce qu'on observe dans la vie d'un individu :

- « Vous les reconnaîtrez à leurs fruits. [...] Tout bon arbre porte de bons fruits, mais le mauvais arbre porte de mauvais fruits » (Mt 7.16,17).
- « L'homme bon tire de bonnes choses de son bon trésor, et l'homme méchant tire de mauvaises choses de son mauvais trésor » (Mt 12.35).
- « Car c'est du cœur que viennent les mauvaises pensées, les meurtres, les adultères, les débauches, les vols, les faux témoignages, les calomnies » (Mt 15.19).

Nous ne pouvons pas voir les racines d'un arbre en le regardant, mais nous pouvons voir s'il produit des pommes ou des oranges. Nous ne pouvons pas voir jusqu'à quel point l'orgueil règne sur un cœur ou la luxure domine les désirs ou l'avarice gouverne la volonté. Toutefois, nous pouvons voir comment un homme traite ses enfants et aime son épouse. Nous pouvons voir si quelqu'un vole ou commet une fraude. Ce sont là les fruits visibles d'un cœur invisible.

C'est le travail de l'Église d'écouter les professions de foi, d'examiner les fruits et d'offrir l'assurance du salut à celui qui se repent. Ce n'est pas que l'Église n'est pas une communauté de pécheurs. Elle l'est. C'est que l'Église est une communauté d'une sorte particulière de pécheurs : des pécheurs repentants.

En d'autres mots, des *disciples.*

4

SAINTS, PAS GUÉRIS

Les implications pour la vie chrétienne

Je suis né à l'époque des talk-shows. J'ai rapidement réalisé que les animateurs de ces émissions de télévision avaient compris quelque chose de notre culture occidentale : nous étions en train de changer notre vision du monde en abandonnant la moralité au profit de la thérapie. Leurs émissions reflétaient ce fait et ouvraient la voie.

Une attitude thérapeutique consiste à croire que notre plus grand besoin, en tant qu'individu, est d'apprendre à s'aimer et à s'accepter soi-même pour être bien dans sa peau. Quand nous cherchons l'approbation des autres, toutes sortes de problèmes personnels et sociaux en ressortent : des troubles alimentaires, des relations de codépendance, de la consommation de drogues, des mariages abusifs, etc. La liste n'en finit plus. Tout cela n'est qu'une quête chimérique pour trouver ce que nous seuls pouvons nous donner : l'acceptation inconditionnelle.

C'est à ce moment que les talk-shows ont fait leur apparition. Ils encourageaient leurs invités à témoigner de certains de leurs comportements qui seraient normalement considérés comme déviants. Le but de ces confessions en ondes n'était ni le pardon ni l'absolution. L'objectif était de favoriser l'acceptation de ce comportement par l'invité et, bien souvent, par l'assistance. Pour l'invité, ça démontrait une affirmation de soi radicale. Or, le travail de ces sessions de thérapie de groupe voyageait, au-delà des studios de télévision, jusqu'aux salons des auditeurs. Si cette personne à la télévision qui est dans une situation pire que la mienne peut s'accepter, moi aussi je le peux. Ces cas extrêmes mis de l'avant par certains animateurs de talk-shows nous ont permis de délaisser notre honte et notre culpabilité, et d'enfin commencer à nous aimer nous-mêmes.

La guérison atteint les gens brisés en les libérant des opinions des autres pour qu'ils puissent s'accepter tels qu'ils sont. Et ce n'est pas tout : une mentalité thérapeutique nous apprend aussi à accepter les autres tels qu'ils sont. La guérison thérapeutique crée des gens joyeux et bien équilibrés qui peuvent dire : « Je suis bien. Tu es bien. »

Depuis les années 1960, les chrétiens se sont bien rendu compte que ce message laissait Jésus de côté. Nous n'avons pas juste besoin de nous accepter, mais nous avons aussi besoin que Dieu nous accepte. La bonne nouvelle de l'Évangile, disons-nous, c'est que Dieu nous accepte en disant « Tu es bien » et qu'il nous aime inconditionnellement. La culture thérapeutique nous dit que nos cœurs sont des seaux vides que personne d'autre que nous-mêmes ne peut remplir. En tant que chrétiens, nous savons que nous ne le pouvons pas. Seul Jésus peut remplir nos seaux de son amour infini qui ne s'épuise jamais. Pour de nombreux chrétiens aujourd'hui, c'est la bonne nouvelle du christianisme. Jésus remplit le vide dans nos cœurs. Il guérit nos cœurs brisés.

LA VRAIE GUÉRISON EST LA SAINTETÉ

Au cours des trois chapitres précédents, j'ai affirmé que la conversion est avant tout l'œuvre de Dieu en nous, mais que nous avons aussi un rôle et une responsabilité. Il ne suffit pas de prendre une décision. Il faut complètement réorienter nos cœurs dans l'adoration par la repentance et la foi. Le reste de ce livre explorera diverses implications de la conversion pour nos vies individuellement, pour nos Églises et notre évangélisation. Si la conversion est d'être renouvelé par l'œuvre salvatrice et souveraine de Dieu, quelle différence devrait-elle faire ?

Tout d'abord, cela ne veut pas dire que nous sommes guéris comme nous le serions à la suite d'une thérapie. Au lieu de cela, nous devenons saints.

Avant de rejeter le langage de la guérison, je dois dire que celui-ci est utilisé dans la Bible pour illustrer le salut. Ésaïe a dit : « Et c'est par ses meurtrissures que nous sommes guéris » (És 53.5). De plus, Jésus est venu pour guérir les malades, une manière d'illustrer quelque chose de plus grand. Néanmoins, la guérison biblique et la guérison de la culture thérapeutique moderne sont deux choses différentes.

Dans la Bible, la maladie est une conséquence du péché et de la malédiction. Elle illustre aussi notre nature spirituelle déchue et notre incapacité à plaire à Dieu. La guérison biblique n'est donc pas du tout de faire la paix avec soi-même. C'est plutôt d'être délivré de sa honte, sa culpabilité et la malédiction, et d'être restauré dans sa relation avec Dieu. En d'autres mots, selon les Écritures, la guérison consiste à devenir saint.

Qu'est-ce que la sainteté des chrétiens ? Elle ne signifie pas que les chrétiens sont meilleurs que les autres. Ce n'est pas d'adopter une attitude de supériorité. Elle ne veut pas dire que nous respectons toutes les règles, qu'elles soient celles des conservateurs de la droite ou des progressistes de la gauche. Les chrétiens sont saints parce qu'ils ont été (1) mis à part (2) pour un nouveau maître (3) dans un nouvel amour.

Examinons chacun de ces trois points.

ÊTRE SAINT SIGNIFIE « ÊTRE MIS À PART ».

Les chrétiens sont saints parce qu'ils ont été mis à part.

Pour illustrer ce point, Paul se sert, dans sa lettre aux Colossiens, d'une image qui ne nous est plus familière : la circoncision. Paul écrit :

> Et c'est en *[Christ]* que vous avez été circoncis d'une circoncision que la main n'a pas faite, mais de la circoncision de Christ, qui consiste dans le dépouillement du corps de la

> chair : ayant été ensevelis avec lui par le baptême, vous êtes aussi ressuscités en lui et avec lui, par la foi en la puissance de Dieu, qui l'a ressuscité des morts. Vous qui étiez morts par vos offenses et par l'incirconcision de votre chair, il vous a rendus à la vie avec lui, en nous faisant grâce pour toutes nos offenses ; il a effacé l'acte dont les ordonnances nous condamnaient et qui subsistait contre nous, et il l'a éliminé en le clouant à la croix (Col 2.11-14).

Paul se sert de la circoncision pour décrire notre conversion : nous étions morts dans nos péchés. Or, Dieu nous a rendus vivants par la foi. Ici, ce qui est le plus facile à manquer est l'image de la circoncision. Nous savons, pour la plupart, de quelle procédure médicale il s'agit. Nous savons aussi que les Israélites la pratiquaient. Par contre, je doute fortement que nous imaginions notre conversion en termes d'excision de prépuce.

Paul l'imaginait ainsi et voici pourquoi.

Dans l'Ancien Testament, Dieu a mis Abraham et sa descendance à part pour une relation spéciale avec lui au moyen d'une alliance. Il leur a aussi donné le signe de cette alliance : la circoncision (Ge 17.11). La circoncision marquait Abraham et sa descendance comme étant saints, au service de Dieu et sous sa bénédiction. Un incirconcis était rejeté de cette relation par alliance (Ge 17.14).

Dans sa lettre aux Colossiens, Paul saisit l'image de la circoncision pour l'appliquer à l'Église. Bien sûr, il ne parle pas d'une procédure chirurgicale au sens littéral. Il crée une analogie. De la même manière que les descendants d'Abraham ont été mis à part pour Dieu pour être saints, tous ceux qui sont unis en Christ ont été mis à part pour lui être consacrés.

La *consécration*, une autre manière de dire « mise à part », ne désigne pas que les chrétiens les plus spirituels. On ne trouve pas deux catégories de chrétiens, les saints et les autres. Tous les chrétiens sont saints. Nous avons été circoncis et consacrés en Christ.

À quoi cela ressemble-t-il ? Pour Israël dans l'Ancien Testament, la circoncision n'était que le début. Les Israélites portaient des habits différents, mangeaient de la nourriture différente, organisaient leurs champs différemment, installaient des décorations différentes sur les murs de leurs maisons. Ils se coupaient même les cheveux différemment. Imaginez-vous aller chez le coiffeur et demander une coupe sainte ! En d'autres mots, Dieu voulait que la mise à part des Israélites, débutant avec la circoncision au huitième jour, se manifeste tout au long de leurs vies pour que tous la voient.

Pour les chrétiens du Nouveau Testament, notre mise à part n'est pas premièrement physique, mais elle devrait être de plus en plus visible tout au long de notre vie afin que tout le monde le voie. Les gens devraient voir notre sainteté dans notre manière de vivre. Après avoir parlé de l'Évangile et de la circoncision spirituelle dans Colossiens 2, Paul aborde habilement le sujet de la manière de vivre dans Colossiens 3 :

> Si donc vous êtes ressuscités avec Christ, cherchez les choses d'en haut [...] Attachez-vous aux choses d'en haut, et non à celles qui sont sur la terre [...]
>
> Faites donc mourir ce qui, dans vos membres, est terrestre, la débauche, l'impureté, les passions, les mauvais désirs, et la cupidité, qui est une idolâtrie [...] et ayant revêtu l'homme nouveau, qui se renouvelle, dans la connaissance, selon l'image de celui qui l'a créé [...]
>
> Ainsi donc, comme des élus de Dieu, saints et bien-aimés, revêtez-vous de sentiments de compassion, de bonté, d'humilité, de douceur, de patience.
>
> [...] revêtez-vous de l'amour (Col 3.1,2,5,10,12,14).

Peut-être qu'on pourrait dire que Paul se soucie de ce que nous portons. Nous devons nous dévêtir de notre ancienne manière de vivre et revêtir celle de Christ. Paul ne retombe pas dans le moralisme tel que « vivez de bonnes vies pour que Dieu vous accepte ». Il décrit les implications de notre circoncision spirituelle, c'est-à-dire la conversion.

C'est par ces marques de sainteté qu'on devrait reconnaître les nouvelles créatures en Christ quand on les croise dans la rue ou qu'elles emménagent tout près. Ce ne sera pas par leurs vêtements particuliers ou leur alimentation étrange. Ce sera par un changement de caractère. Cela dit, un chrétien ne change pas parce qu'il a appris à s'aimer lui-même, mais parce que Dieu a changé sa nature et l'a mis à part pour lui. Dieu rend les chrétiens saints.

Quelle est la différence entre la conception culturelle de la thérapie ou la guérison, et la conception biblique de la sainteté ? L'un dit « tu es bien », l'autre dit « tu as été choisi et mis à part ». L'un dit que je peux m'aimer moi-même et rester dans le péché parce que ce n'est pas un problème. L'autre dit que ma destinée et ma nouvelle nature sont incompatibles avec le péché et que je dois donc lui dire non. L'un veut que je me sente mieux avec moi-même. L'autre oriente ma vie vers Dieu. L'un est à propos de moi et de la façon dont je me sens, l'autre est à propos de Dieu et de son œuvre dans ma vie.

Quand nos Églises adoptent un évangile thérapeutique, la vie chrétienne devient alors un combat pour se sentir accepté au lieu d'un combat contre le péché. On ne chante plus les cantiques sur la sanctification et la persévérance, et on les remplace par des paroles romancées avec beaucoup d'images sur la proximité de Jésus, son étreinte et sa tendre présence. On considère toute exhortation à éviter le péché comme du légalisme et de l'obéissance motivée par la culpabilité. La relation avec Dieu n'est définie que dans des termes d'acceptation. On refaçonne même l'obéissance avec des recommandations thérapeutiques. Par exemple, si je n'arrive pas à discerner rationnellement ou émotionnellement pourquoi la pureté sexuelle ou la persévérance dans un mariage difficile sont bonnes pour *moi*, je pourrais dire que ces commandements sont bons pour les autres, mais que Dieu ne voudrait surtout pas que je sois malheureux ou insatisfait. En termes théologiques, l'évangile thérapeutique enseigne à aimer les révélations de l'Évangile, mais évite ses commandements. Il nous enseigne à interpréter les révélations et les commandements à travers la lentille de notre propre bonheur.

La sainteté n'est pas simplement le respect de certaines règles ou l'adhérence à des codes de moralité externes. C'est la liberté d'une nouvelle nature.

Bien sûr, la chair est encore en guerre avec l'esprit au-dedans de nous (1 Pi 2.11) et cette guerre perdurera jusqu'au retour du Seigneur. Néanmoins, vivre de manière qui s'accorde avec notre nouvelle nature n'est pas un fardeau si nous la possédons vraiment. Le vrai fardeau est de vivre selon une nature que nous ne possédons pas. En fait, c'est bien pire qu'un fardeau. C'est une impossibilité. Se pourrait-il que nous ayons de la difficulté à vivre comme des mis à part parce que nous n'avons pas encore été mis à part ? Un écrivain a récemment constaté ceci à propos de la sainteté :

> Des sondeurs et des experts en sont arrivés à la conclusion que naître de nouveau ne faisait aucune différence dans la façon de vivre des gens. Nous devrions en arriver à une conclusion totalement différente, à savoir que beaucoup de personnes dans nos Églises ne sont pas nées de nouveau[1].

ÊTRE SAINT SIGNIFIE ÊTRE MIS À PART POUR UN NOUVEAU MAÎTRE

Pourquoi la sainteté est-elle importante ?

Une personne fréquentant mon Église m'a posé cette question récemment. Elle aime Jésus et semble vivre une vie sainte. Or, elle vient d'un arrière-plan légaliste et n'a que récemment découvert la liberté du salut par la grâce. Cette personne ne voulait pas parler de sainteté et d'obéissance de peur de miner l'Évangile. Son approche consistait à faire confiance à Dieu pour que sa grâce arrange les choses dans sa vie.

La sainteté est importante parce que le fait d'être « mis à part » signifie d'appartenir à un nouveau maître. C'est l'une des leçons de Romains 6. Au début du chapitre, Paul pose la même question que cette personne d'une autre manière : « Que dirons-nous donc ? Demeurerions-nous dans le péché, afin que la grâce abonde ? » (v. 1.) Si nous sommes pleinement pardonnés et acceptés par Dieu à cause de l'œuvre de Christ, pourquoi ne pas continuer à pécher ?

Paul commence sa réponse en se référant à notre baptême : nous avons été ensevelis avec Christ par le baptême et ressuscités des morts avec lui (v. 2-5). Il explique ensuite ce que cela veut dire. Auparavant, nous étions « esclaves du péché » (v. 6) parce que notre nature régnait sur nous et elle était corrompue par le péché. Le péché était donc notre maître.

Maintenant, notre « vieil homme » est mort. Dieu nous a donné une vie nouvelle en Christ, une vie qu'il a rachetée à un grand prix. Cela veut dire que nous avons un nouveau maître et que nos vies suivent le modèle qu'il a établi.

Durant sa vie terrestre, Jésus a servi non pas le péché, mais Dieu. Pour notre bien, il est « mort au péché » et « vivant pour Dieu » (v. 10). Grâce à notre union avec Christ par le baptême, dans sa mort et sa résurrection, notre allégeance va maintenant à un nouveau maître. Avant, nous offrions nos corps au service du péché pour être des « instruments d'iniquité ». Maintenant, en tant que peuple « vivants de morts que *[nous étions]* », nous offrons nos vies en service à Dieu pour qu'entre ses mains, nous soyons « comme des instruments de justice » (v. 13).

La sainteté est importante parce qu'elle révèle l'identité de notre maître. La cadence de marche des chrétiens n'est plus la même. Les ordres auxquels nous obéissons ne sont plus les mêmes. Et le monde le voit. L'appellation de « chrétiens », formée en ajoutant un suffixe diminutif au nom de « Christ », était au départ une insulte. C'était pourtant un nom que nous portions fièrement, car il révélait à qui allait notre allégeance. Le fait que notre allégeance est différente explique pourquoi les chrétiens ont toujours été persécutés. Nous ne poursuivons pas les mêmes objectifs et nous n'obéissons même pas aux mêmes ordres que les gens autour de nous. Nos vies contredisent le monde au lieu de le valider. Le monde n'a jamais aimé être contredit.

Encore une fois, quelle est la différence entre l'évangile thérapeutique et l'Évangile biblique ? Dans le premier, Jésus vient pour remplir le vide dans nos cœurs. Dans le second, Jésus vient pour établir sa domination sur nos vies.

L'évangile thérapeutique ne nie pas la seigneurie de Jésus. Il ne fait que l'ignorer. Or, l'effet est le même parce que le besoin de nos cœurs d'être aimés et acceptés reste intact. Nous pouvons bien dire que Jésus est Seigneur, mais que sa seigneurie ne nous amènerait jamais à souffrir ou à être persécutés. Elle ne viendrait jamais confronter nos péchés, surtout pas par le biais des remontrances des autres chrétiens. Elle ne nous demanderait jamais de laisser nos enfants servir Dieu à temps plein au lieu de poursuivre une carrière respectable. Nous demeurons les seigneurs de nos vies et notre besoin de nous sentir en sécurité et aimés reste le principe qui nous gouverne.

L'allégeance se voit. Jésus l'a dit sans ambiguïté : « Nul ne peut servir deux maîtres. Car, ou il haïra l'un, et aimera l'autre ; ou il s'attachera à l'un, et méprisera l'autre » (Mt 6.24).

Si nous sommes chrétiens, notre allégeance à Christ se manifestera dans l'utilisation de notre argent, de notre temps, de notre corps, de notre carrière et de notre maison. Elle sera visible dans la manière dont nous aimons notre époux ou épouse et nos enfants. Elle sera évidente dans la façon que nous agissons envers l'Église de Christ.

Je ne dis pas qu'on apprend à suivre Christ en un jour. J'ai réellement mis ma foi en lui en tant qu'enfant. Mais alors que je grandissais, d'autres choses ont combattu pour obtenir mon allégeance : les filles, la réussite académique et une carrière en médecine, pour n'en nommer que quelques-unes. Quand je me suis retrouvé à l'université, je savais que j'avais un choix à faire. Je suis pour toujours reconnaissant à Dieu de m'avoir saisi durant ma première année et de ne pas m'avoir lâché depuis. À présent, trente ans plus tard, j'aurais bien aimé pouvoir dire que ces trois décennies ont démontré un engagement inébranlable et constant à Christ. Malheureusement, j'ai continué de ressentir l'attrait d'autres maîtres. Encore et encore, j'ai dû me tourner vers Romains 6, me repentir de mon cœur partagé et écouter l'exhortation de Paul de me « considérer comme mort au péché » et de « me présenter à Dieu ».

L'allégeance à un nouveau maître n'est pas une action « une fois pour toutes ». Elle est constamment testée et renouvelée. Tout comme un soldat qui, ayant promis son allégeance en signant un contrat, renouvelle cette allégeance chaque fois qu'il salue un officier, ainsi en est-il des chrétiens. Nous nous sommes engagés lors de notre baptême, et Romains 6 nous dit de réfléchir à la signification de ce baptême chaque jour : nous sommes morts au péché et vivants pour Dieu en Christ.

UN NOUVEL AMOUR

Finalement, les chrétiens sont saints parce qu'ils ont été mis à part pour un nouvel amour.

> Bien-aimés, aimons-nous les uns les autres ; car l'amour est de Dieu, et quiconque aime est né de Dieu et connaît Dieu. Celui qui n'aime pas n'a pas connu Dieu, car Dieu est amour. L'amour de Dieu a été manifesté envers nous en ce que Dieu a envoyé son Fils unique dans le monde, afin que nous vivions par lui. Et cet amour consiste, non point en ce que nous avons aimé Dieu, mais en ce qu'il nous a aimés et a envoyé son Fils comme victime expiatoire pour nos péchés. Bien-aimés, si Dieu nous a ainsi aimés, nous devons aussi nous aimer les uns les autres. Personne n'a jamais vu Dieu ; si nous nous aimons les uns les autres, Dieu demeure en nous, et son amour est parfait en nous (1 Jn 4.7-12).

Comment pouvons-nous être certains d'être nés de nouveau ? Nous le savons par ceux que nous aimons. À l'essence de notre déchéance en tant que pécheurs, nous nous aimons nous-mêmes plutôt que Dieu et notre prochain. Nos cœurs ne sont pas des réservoirs vides et passifs recherchant l'amour aux mauvais endroits, comme le prétend la vision du monde thérapeutique. Nos cœurs sont corrompus. Nous nous aimons nous-mêmes au lieu d'aimer Dieu. Nous nous aimons nous-mêmes plutôt que d'aimer notre prochain. Quand nous recherchons de l'amour, nous préférons l'amour des gens à celui de Dieu parce que les gens nous encouragent dans nos voies pécheresses. Dieu peut bien promettre de nous aimer malgré ce que nous sommes, mais ce n'est pas assez.

Quand nous sommes convertis, consacrés, circoncis et baptisés dans la vie même de Dieu à travers Christ, Dieu « demeure en nous et son amour est parfait en nous ». Nos affections changent. Dieu nous donne une nouvelle nature qui l'aime et qui aime les autres. L'amour de Dieu nous change et la preuve est dans notre amour sacrificiel.

Voyez-vous le problème qu'il y a à transformer l'amour de Jésus pour nous en une cure thérapeutique pour nos cœurs brisés ? Il est vrai que l'amour de Jésus nous remplit d'une manière qui ne se compare à rien d'autre. Le problème est que l'évangile thérapeutique nous garde au centre de nos affections et nous n'aimerons les autres que lorsque nous nous sentons remplis. L'apôtre Jean définit l'amour comme ceci : non pas que Jésus se sentait rempli, accepté et comblé, mais que Jésus a été vidé, blessé et brisé, puis ultimement puni par la colère de Dieu pour nos péchés. C'est exactement à ce moment-là que Christ nous aimait le plus. Ensevelis et ressuscités avec Christ, les chrétiens sont eux aussi appelés à aimer Dieu et leur prochain même quand ils ne se sentent pas remplis de l'amour de Dieu.

Au milieu de la souffrance et de la persécution, nous aimons. Quand ils ont l'impression que Dieu est loin, les chrétiens aiment. Quand on pèche contre nous, les chrétiens aiment. Nous n'aimons pas parce que nous nous sentons aimés. Nous aimons parce que nous avons été aimés et que cet amour nous a changés.

L'évangile thérapeutique n'est qu'un évangile de demi-vérités. Il nous dit que nous sommes aimés par Dieu à travers Christ et que nous sommes guéris de notre vide. La vérité complète est tellement supérieure. Elle nous élève au-dessus du royaume insignifiant de notre cœur en manque d'affection, nous change et nous met à part au service du Roi d'amour.

En Christ, nous sommes déclarés saints. Par la grâce de Dieu, c'est ce que nous serons.

5

DIFFÉRENTS, PAS INFLUENCÉS PAR LES MODES

Les implications pour la vie collective de l'Église

Vous souvenez-vous de l'époque où il n'y avait pas de jeans de marque ? Nous allions au magasin pour nous acheter un jean et nous ne regardions même pas d'où il provenait.

Les choses ont changé au milieu des années 1970. Je me rappelle que l'étiquette qui était brodée à l'arrière des jeans était bien importante pour les enfants à l'école. Les marques sont devenues une manière d'affirmer son identité et de définir à quel groupe social on appartenait.

Pourtant, le désir d'appartenance à un groupe n'a pas été inventé dans les années 1970. Les marques nous ont seulement fourni un autre outil pour accomplir ce que les gens faisaient déjà depuis des millénaires. Les gens se sont catégorisés d'une manière ou d'une autre depuis la tour de Babel. Côtoyer des gens « comme nous » nous fait sentir en sécurité, compris et appréciés. Les conflits sont moins fréquents quand nous sommes tous pareils. Les cultures se divisent ainsi en classes. Les classes se sous-divisent en styles de vie. En peu de temps, les concerts, les salles communautaires, les bars et les églises se remplissent de « gens comme nous ».

En se basant sur les théories sur la croissance des Églises provenant de missionnaires comme Donald McGavran, les leaders des Églises du XXe siècle ont constaté que leurs Églises grandiraient plus vite s'ils cessaient d'utiliser une approche universelle. C'est ainsi que le mouvement des « Églises sur modèle » a commencé. On retrouve aujourd'hui des Églises pour les baby-boomers, pour la génération X et pour les milléniaux. Certaines ressemblent à des salles de cinéma et d'autres ressemblent au café du coin de la rue. Dans la plupart des cas, le but est de changer l'ambiance de l'Église et de rejoindre une clientèle particulière. Le programme copie donc les préférences naturelles de la clientèle cible. Les responsables s'habillent comme s'ils appartenaient au même groupe culturel. En apparence, cette stratégie semble fonctionner. En Amérique du Nord, du moins, les grandes Églises suivent ce principe. Après tout, qui se ressemble s'assemble.

Mais est-ce que c'est chrétien ?

La doctrine biblique de la conversion enseigne un message différent. Elle enseigne que les Églises et les chrétiens devraient se distinguer du monde, et non être influencés par les modes. Nous devrions être mis à part du monde, pas nous y conformer. C'est le caractère distinct de nos Églises qui accorde de la crédibilité à la véracité de notre message.

Ayant grandi dans un milieu fondamentaliste américain, je reconnais que nous avons souvent cherché cette différence de la mauvaise manière. Nous nous sommes habillés différemment, nous avons évité les jeux de cartes et les films, nous avons eu un regard hautain envers les non-chrétiens et nous avons été stupidement fiers de ces prétendues marques de sainteté. Pourtant, les Écritures ne s'intéressent pas à nos styles et à nos préférences, mais à la qualité de nos vies et de notre amour. La doctrine de la conversion implique que l'Église devrait être une communauté distincte.

UNE COMMUNAUTÉ DISTINCTE

À travers toute la Bible, Dieu appelle son peuple à se distinguer. Depuis le jardin d'Éden, en passant par l'arche de Noé, le peuple de Dieu en Égypte et dans le désert, Israël dans la terre promise, jusqu'à Pierre qui décrit les chrétiens comme des « étrangers et voyageurs sur la terre » (1 Pi 2.11), les Écritures appellent le peuple de Dieu à mener des vies distinctes, et elles invitent même les nations à se joindre à lui. Le problème est que trop souvent, nous voulons ressembler au monde. Dans l'Ancien Testament, Israël voulait un roi pour ressembler aux autres nations. L'Église de Corinthe voulait démontrer sa pertinence culturelle et son attrait par son éloquence. Les chrétiens évangéliques d'aujourd'hui s'inquiètent de la perception que le monde a d'eux : sommes-nous assez intelligents, assez habiles en politique, assez cultivés ?

Paul, lui, a des priorités différentes :

> Ne vous mettez pas avec les infidèles sous un joug étranger. Car quel rapport y a-t-il entre la justice et l'iniquité ? Ou qu'y a-t-il de commun entre la lumière et les ténèbres ? Quel accord y a-t-il entre Christ et Bélial ? Ou quelle part a le fidèle avec l'infidèle ? Quel rapport y a-t-il entre le temple de Dieu et les idoles ? Car nous sommes le temple du Dieu vivant, comme Dieu l'a dit : J'habiterai et je marcherai au milieu d'eux ; je serai leur Dieu, et ils seront mon peuple. C'est pourquoi,
>
> Sortez du milieu d'eux,
> Et séparez-vous, dit le Seigneur ;
> Ne touchez pas à ce qui est impur,
> Et je vous accueillerai.
> Je serai pour vous un Père,
> Et vous serez pour moi des fils et des filles,
> Dit le Seigneur tout-puissant.
>
> Ayant donc de telles promesses, bien-aimés, purifions-nous de toute souillure de la chair et de l'esprit, en achevant notre sanctification dans la crainte de Dieu (2 Co 6.14 – 7.1).

Paul accumule les images pour tracer clairement la ligne entre l'Église et le monde. L'Église locale est une communauté, un ensemble de personnes sous le même « joug » qui sont la « lumière » au lieu des « ténèbres », en « Christ » au lieu de « Bélial », des « fidèles » et non des « infidèles », caractérisés par la « justice » et non par l'« iniquité ».

Paul ne parle pas de qui peut ou ne peut pas se présenter aux réunions de l'Église. Il parle des engagements d'alliance que les membres de l'Église de Corinthe avaient les uns envers les autres et de la façon dont ils s'identifiaient à Christ et les uns aux autres. Ensemble, ils sont le « temple de Dieu ». Une Église est un groupe de chrétiens unis sous le joug de Christ (voir Mt 11.29,30). Ils ne doivent pas se retirer du monde des incroyants ou être étranges pour rien. Ils devraient plutôt être distinctement séparés du monde et mis à part dans la crainte de Dieu.

Mais combien il est facile de se convaincre que nous voulons seulement être pertinents et accessibles quand nous voulons en fait être approuvés ! Nous façonnons donc nos Églises pour attirer les foules tout en contredisant la puissance et le message de l'Évangile que nous prêchons. Nous exhibons le réel objet de notre confiance et nous laissons le monde façonner notre Église.

À quoi une communauté distincte devrait-elle ressembler ? Les Écritures disent que nous nous distinguons par des vies saintes et un amour sacrificiel.

DES VIES SAINTES

L'apôtre Pierre nous appelle à la sainteté. Il écrit : « Ne vous conformez pas aux convoitises que vous aviez autrefois, quand vous étiez dans l'ignorance. Mais, puisque celui qui vous a appelés est saint, vous aussi soyez saints dans toute votre conduite, selon qu'il est écrit : Vous serez saints, car je suis saint » (1 Pi 1.14-16). C'est ce que Dieu requiert de ceux qui ont été « rachetés » par le « sang précieux de Christ » (v. 18,19).

Qu'est-ce que cela veut dire pour une Église locale en tant que corps ? Cela signifie que toute notre communauté devrait avoir l'air totalement différente de la culture environnante, pas juste parce que chacun de nous suit Christ en privé, mais aussi parce que nous prenons au sérieux notre témoignage en tant que groupe. Nous comprenons que nos vies ne sont plus les nôtres dorénavant et que nous nous appartenons les uns aux autres à cause de notre appartenance à Christ. Pierre continue en nous décrivant comme une « nation sainte », des étrangers et voyageurs qui gardent « au milieu des païens une bonne conduite, afin que, là même où ils *[les]* calomnient comme *[s'ils étaient]* des malfaiteurs, ils remarquent *[leurs]* bonnes œuvres, et glorifient Dieu, au jour où il les visitera » (1 Pi 2.9,11,12).

Prendre la sainteté au sérieux en tant qu'Église implique aussi de pratiquer la discipline d'Église. Par exemple, Paul a dit aux Corinthiens d'exclure de l'assemblée une personne qui commettait des actes que même les gens de l'extérieur trouvaient scandaleux (1 Co 5). Il veut que l'Église exclue cet homme pour le bien de celui-ci (afin qu'il se repente), pour le bien des membres plus faibles (afin qu'ils ne succombent pas à la tentation) et pour le bien du monde à l'extérieur (afin qu'ils croient dans la puissance transformatrice de l'Évangile). Il veut que personne ne soit confus par rapport à ce qu'est un chrétien. Il sait que le péché n'est pas le problème. Tous les vrais chrétiens pèchent. Le problème, c'est le chrétien qui ne se repent pas et qui persiste dans son péché même après avoir été confronté. Agir ainsi est incohérent avec le fait de se dire disciple de Christ. Paul savait que la crédibilité de tout le message de l'Église était en jeu.

Parfois, l'amour doit dire des choses difficiles. Nous ne pouvons pas prétendre connaître les cœurs, mais nous pouvons nous aider mutuellement à nous battre pour préserver la sainteté en corrigeant les péchés persistants. Habituellement, nous faisons cela en privé, parfois, avec une réprimande publique, et très rarement, en excluant quelqu'un de la cène et de la liste de membres à cause d'un péché qui perdure sans repentance. La discipline d'Église biblique n'est ni légaliste ni accusatrice. Elle démontre plutôt de l'amour à celui qui y est confronté et au monde qui regarde. Ce dernier doit comprendre que Jésus-Christ change vraiment nos vies avec l'Évangile.

UN AMOUR SACRIFICIEL

Finalement, nos Églises devraient se distinguer des autres communautés par leur amour. Jésus a dit : « Je vous donne un commandement nouveau : Aimez-vous les uns les autres ; comme je vous ai aimés, vous aussi, aimez-vous les uns les autres. À ceci tous connaîtront que vous êtes mes disciples, si vous avez de l'amour les uns pour les autres » (Jn 13.34,35).

Jésus dit que notre témoignage est déterminé par notre façon de nous aimer les uns les autres comme il nous a aimés. Comment nous a-t-il aimés ? En mourant sur la croix. Comment devons-nous nous aimer les uns les autres ? En nous pardonnant mutuellement et en donnant nos vies les uns pour les autres.

Alors que l'histoire de l'Évangile se déploie dans le livre des Actes, nous voyons que cet amour mutuel en Christ ne se limite pas qu'aux chrétiens juifs. L'amour de Christ s'étend aussi aux non-Juifs. Plus tard, Paul fait remarquer qu'à travers l'amour et l'unité des Juifs et des non-Juifs, grâce à l'Évangile, la sagesse, la puissance et la grâce de Dieu sont révélées à l'univers (Ép 3.10).

Après tout, nous n'avons pas besoin de la sagesse et de la puissance de Dieu pour aimer ceux qui nous ressemblent. Cela est plutôt facile. Jésus dit que même les collecteurs d'impôts ont des amis (Mt 5.46). Or, le Christ nous a aimés alors que nous étions encore ses ennemis. Aimer comme Jésus signifie d'aimer ceux qui sont complètement différents de nous, et cela prend la puissance de l'Évangile.

Récemment, notre Église a baptisé un professeur d'art plutôt sophistiqué. Les professeurs d'art sont plutôt rares à notre Église. Nous avons surtout des membres provenant de la classe ouvrière et des amateurs de culture populaire. Lors de l'entrevue pour qu'il devienne membre, je lui ai demandé pourquoi il avait choisi notre Église. Il m'a avoué se sentir un peu décalé culturellement. Or, tout juste devenu chrétien, il savait qu'il n'avait pas besoin de la compagnie de gens comme lui. Cela, il l'avait eu toute sa vie. Il n'avait besoin que de gens avec qui il avait Christ en commun et qui ne l'aimaient pour aucune autre raison.

À cause de Christ, j'ai plus en commun avec une veuve retraitée de mon Église qu'avec un père non chrétien de mon âge qui aime les randonnées et le camping comme moi. À cause de Christ, un homme d'affaires blanc de cinquante ans a davantage en commun avec une jeune réfugiée dans son Église qu'avec les membres non chrétiens de son club de golf. Pour le monde, ça ne fait pas de sens, mais c'est vrai. La seule explication est l'Évangile de Jésus-Christ, celui qui nous unit.

L'unité aimante que nous avons grâce à l'Évangile est la principale différence entre un club et une Église. C'est pourquoi nous ne devrions pas modeler nos Églises d'après les clubs. Les clubs, les groupes d'intérêts et les Églises faites sur mesure sont des endroits où ceux qui se ressemblent peuvent profiter de leurs points communs. Par contre, dans une Église véritable, nous n'avons pas besoin d'avoir quoi que ce soit en commun en dehors de Christ pour nous aimer profondément les uns les autres.

D'un point de vue pratique, à quoi cela ressemble-t-il ? À des Églises qui s'empressent d'accueillir des étudiants internationaux ou des immigrants chrétiens. À des Églises plus aisées qui aident et qui apprennent des Églises moins riches. À l'implantation d'Églises filles, même si l'Église mère en paie le prix. À un petit groupe de jeunes hommes célibataires qui visitent une vieille dame de leur Église à l'hôpital un vendredi soir pour l'encourager et chanter des cantiques avec elle. Ce dernier exemple s'est réellement produit dans mon Église. L'infirmière de garde leur a demandé si cette dame âgée était célèbre, avec toute la visite qu'elle recevait. Les jeunes hommes lui ont répondu : « Non, elle n'est pas célèbre. Elle est membre de notre Église. »

Il est relativement facile d'attirer des baby-boomers à une Église de baby-boomers, des « X » à une Église de génération X, des *hipsters* à une Église de *hipsters*. Aux États-Unis, il n'est pas rare de voir des Églises offrir plusieurs cultes dans des styles différents pour que les membres puissent se rassembler avec des gens qui leur ressemblent. Mais alors, les clubs ne servent-ils pas justement à cela ? Qui a besoin de la puissance de l'Évangile pour cela ?

La puissance et la vérité de l'Évangile se révèlent quand les Églises vivent différemment (en recherchant la sainteté), quand elles aiment différemment (en pardonnant leurs ennemis) et quand elles ont une apparence différente (multiethniques, multigénérationnelles et incluant des gens de différentes classes sociales). Nous témoignons de la bonne nouvelle de Jésus quand nos communautés aimantes se développent d'une façon contraire aux attentes du monde et qu'elles ne peuvent s'expliquer que par l'Évangile qui transforme les vies.

6

APPELEZ, NE VENDEZ PAS

Les implications pour notre évangélisation

En 1892, le grand et élégant magasin de Marshall Field & Company a ouvert ses portes à Chicago. Chaque matin, le propriétaire, qui avait donné son nom au magasin, s'y promenait pour s'assurer que tout allait bien. Un jour, il remarqua un de ses gérants qui se disputait avec une cliente. Il demanda au gérant : « Que faites-vous là ? » Ce dernier répondit : « Je suis en train de régler une plainte. » Field rétorqua : « Non, vous ne la réglez pas. Donnez à la dame ce qu'elle veut[1]. »

Dans le marché émergent des États-Unis, Field a été l'un des premiers à prendre conscience que le client était roi. Auparavant, les relations entre vendeurs et acheteurs étaient définies par l'adage « *caveat emptor* » (que l'acheteur soit vigilant). À partir de ce moment-là, la prospérité américaine a pris une expansion incroyable grâce à un nouveau principe : « Le client a toujours raison. »

Au cours du XXe siècle, le marketing a atteint la maturité et les ventes se sont transformées. Les ventes dépendaient moins de l'effort mis sur le produit que de l'effort mis sur les clients, leurs désirs et même leur identité. Par exemple, dans les années 1960, Pepsi s'est mise à utiliser l'écart générationnel pour prétendre que leur produit était pour la « génération Pepsi ». Au fil du temps, cette approche prendrait le nom de commercialisation du style de vie.

Ce n'est pas surprenant qu'il n'ait pas fallu attendre bien longtemps pour que cette approche centrée sur le client fasse le saut du marché commercial au marché religieux. Durant la seconde moitié du XXe siècle, les gens se préoccupaient moins du « salut » et du « pardon ». Ils se sentaient attirés par d'autres besoins : le bonheur, un sens à la vie, le sentiment d'accomplissement, la délivrance d'une dépendance, une vie sexuelle satisfaisante. Les Églises se sont alors mises à axer leur évangélisation sur les « besoins ressentis ». On ne change pas l'Évangile, mais on le présente aux gens comme étant la réponse à ce qu'ils veulent, comme la satisfaction et la liberté, plutôt que de mettre l'accent sur ce que les gens ne veulent pas entendre, comme le pardon. Un évangéliste bien connu a décrit la réflexion derrière cette approche : « Je suis convaincu que chaque être humain peut accepter Christ si nous découvrons la clé de son cœur. Chaque clé est bien sûr unique, ce qui complique un peu la recherche. Il faut prendre le temps de l'identifier et commencer *[en examinant les]* besoins ressentis[2]. »

Et cela fonctionne, du moins aux États-Unis. Les Églises sont remplies de gens sauvés de leur vie insatisfaisante et sans but. Par contre, sont-ils sauvés de Dieu et de son jugement ?

La doctrine biblique de la conversion a d'énormes implications dans notre approche en ce qui a trait à l'évangélisation. Si la conversion est le résultat de l'œuvre de Dieu nous donnant de nouveaux cœurs qui se repentent et croient en l'Évangile, l'évangélisation ne peut plus suivre les méthodes de marketing. L'évangélisation ne consiste pas à découvrir les besoins ressentis et ensuite à façonner l'Évangile en conséquence. Que penserions-nous d'un ambassadeur envoyé par un président pour avertir une nation hostile, mais qui ne dirait que ce qu'il pense que cette nation veut entendre ? L'évangélisation consiste à communiquer fidèlement un message d'autorité venant de Dieu qui nous avertit de nos besoins réels, que nous le ressentions ou pas. C'est un message qui requiert une réponse très précise. Finalement, c'est un message qui, de manière remarquable, convertit des pécheurs comme vous et moi par la puissance du Saint-Esprit.

La question à se poser n'est pas : comment conclut-on la vente ? C'est plutôt : comment peut-on communiquer le message ? Le défi n'est pas la technique, mais la fidélité et la clarté. Le chapitre 4 de 2 Corinthiens figure parmi les meilleurs passages traitant ce sujet alors que Paul décrit sa manière d'évangéliser.

COMMUNIQUER CLAIREMENT

Tout d'abord, nous devons communiquer le message de l'Évangile clairement. Paul écrit :

> Nous rejetons les choses honteuses qui se font en secret, nous n'avons point une conduite astucieuse, et nous n'altérons point la parole de Dieu. Mais en publiant la vérité, nous nous recommandons à toute conscience d'homme devant Dieu (2 Co 4.1,2).

L'Évangile a un *contenu* bien défini. Une évangélisation réussie, pour Paul, consiste donc à « *[publier]* la vérité » ou selon la *Segond 21*, à faire « connaître clairement la vérité ». Une évangélisation réussie n'est pas forcément d'amener les gens à répondre favorablement. Si c'était le cas, Paul aurait été tenté de recourir à des « choses honteuses qui se font en secret ». Il aurait pu avoir une « conduite astucieuse » ou « *[altérer]* la parole de Dieu » pour adapter ses prédications en fonction de ce que les gens voulaient entendre et ainsi maximiser ses chances de succès. Or, Paul a « rejeté » tout cela.

De plus, si une évangélisation réussie est de faire connaître clairement la vérité, ce n'est pas une bonne chose de dire, comme on l'entend parfois, «Prêchez l'Évangile en tout temps ; si nécessaire, utilisez des mots. » Et Dieu et Paul semblent croire que partager la Bonne Nouvelle requiert l'utilisation de mots.

Cela ne veut pas dire qu'il n'existe qu'une seule formule de mots. J'aime me servir des mots-clés « Dieu », « Homme »,

« Christ » et « Réponse », mais il y a d'autres manières de résumer le message. Toutefois, peu importe la manière dont il est organisé, le message doit être communiqué.

Il ne suffit pas de dire « Dieu vous aime » ou « Jésus donnera un but à votre vie » pour annoncer l'Évangile. Celui-ci ne garantit pas un mariage heureux, une carrière prospère ou le succès de vos enfants. Il peut certes aider, mais rien n'est certain. Le cœur de l'Évangile est la mort et la résurrection de Jésus comme substitut pour les pécheurs afin d'apaiser la juste colère de Dieu et de nous réconcilier avec lui.

Quand nous annonçons les bienfaits émanant de l'Évangile en y négligeant le message central, notre évangélisation n'est pas biblique, nous diminuons le message. Qui ne désire pas la paix, la satisfaction et une meilleure vie familiale ? On n'a pas besoin de l'œuvre régénératrice du Saint-Esprit pour accepter cette offre. George Barna a mené un sondage auprès de baby-boomers fréquentant une Église et s'est penché sur ce que l'évangélisation axée sur les besoins ressentis offrait à ces consommateurs.

> Pour « un seul aveu d'imperfection et de faiblesse », ils recevaient « la paix perpétuelle avec Dieu ». Le résultat est que « des millions de boomers qui ont dit la prière ont demandé le pardon, puis ont continué leur vie, sans y apporter de grands changements… » *[Ils]* « y voyaient un accord où ils pourraient exploiter Dieu et obtenir ce qu'ils voulaient sans renoncer à quoi que ce soit de bien important[3]. »

Une bonne doctrine de la conversion nous enseigne à annoncer la bonne nouvelle clairement.

COMMUNIQUER HONNÊTEMENT

Nous devons parler franchement et rappeler aux gens de calculer le prix à payer. Paul mentionne le coût au prochain chapitre de 2 Corinthiens : Christ « est mort pour tous, afin que ceux qui vivent ne vivent plus pour eux-mêmes, mais pour celui qui est mort et ressuscité pour eux » (2 Co 5.15). Il l'a appris de Jésus : « Car celui qui voudra sauver sa vie la perdra, mais celui qui perdra sa vie à cause de moi et de la bonne nouvelle la sauvera » (Mc 8.35 ; voir aussi Mt 16.24).

Quand nous ne demandons pas aux gens de calculer le coût, préférant leur vendre les bienfaits correspondant à leurs besoins ressentis, nous les vouons à l'échec lorsque la souffrance et les épreuves surviendront. Qu'arrivera-t-il de leur foi en Christ quand de jeunes mères meurent, des enfants se rebellent ou des carrières s'effondrent ?

Les vraies conversions – celles qui sont caractérisées par la repentance et offertes par Dieu – peuvent supporter la souffrance. Les convertis chérissent Christ, pas juste les bienfaits ressentis. Est-ce que David Brainerd, qui a laissé derrière lui une vie prometteuse à Boston, à l'époque coloniale, pour évangéliser les Amérindiens et qui est mort jeune de la tuberculose, regrettait sa décision ? Est-ce qu'Adoniram Judson, qui a perdu sa femme et ses enfants en Birmanie où il était missionnaire, pensait avoir fait une erreur ? Est-ce que William Wilberfoce, qui a sacrifié sa chance de devenir premier ministre britannique lors de sa lutte contre l'esclavage, se lamentait de ce choix ? Pour chacun d'eux, la réponse est non. Leur témoignage était celui de Paul : « Car nos légères afflictions du moment présent produisent pour nous, au-delà de toute mesure, un poids éternel de gloire » (2 Co 4.17,18).

Pourtant, nos mentalités axées sur la vente peinent à inclure le prix à payer pour être un disciple dans notre évangélisation. Nous avons peur de dire toute la vérité concernant Jésus. Nous nous contentons donc de gloires inférieures. En fait, Jésus offre bel et bien une vie satisfaisante à ses disciples, mais c'est la satisfaction de savoir que notre vie ne nous appartient plus et la satisfaction de vivre pour la gloire de Dieu.

Nous devons proclamer l'Évangile *honnêtement*.

COMMUNIQUER AVEC URGENCE

Ensuite, l'évangélisation biblique communique le message avec urgence. Pensons à l'urgence de Paul : « Nous faisons donc les fonctions d'ambassadeurs pour Christ, comme si Dieu exhortait par nous ; nous vous en supplions au nom de Christ : Soyez réconciliés avec Dieu ! » (2 Co 5.20.)

L'Évangile requiert une réponse. C'est une question de vie ou de mort. C'est pourquoi Paul nous implore d'être « réconciliés ». Ce n'est pas une évangélisation cool et détachée, du style « qu'est-ce que tu en penses ? » C'est sérieux, vulnérable, sincère, transparent et urgent.

Je ne dis pas que Paul était impoli, insistant ou manipulateur. Comme on l'a vu, il a renoncé aux choses honteuses. Il veillait à retirer les pierres d'achoppement (Ro 14.13 ; 1 Co 8.9). Il abordait les différents groupes de gens de manière réfléchie (1 Co 9.20-23). Parler avec sérieux et avec urgence ne signifie pas d'être offensant ou insistant. C'est plutôt qu'il prêchait, comme le dit la célèbre phrase du puritain Richard Baxter, « en tant qu'homme mourant à des hommes mourants ».

Comme cette approche est différente pour plusieurs d'entre nous dans notre culture postmoderne ! Nous essayons que notre message soit le plus subtil possible, comme si nous parlions d'un choix de style de vie. Or, parler d'une question de vie ou de mort comme s'il s'agissait d'un style de vie, n'est-ce pas comme dire que nous ne pensons pas que suivre Christ est une question de vie ou de mort ? Après tout, le médium est le message.

Quand nous proclamons l'Évangile, nous devons implorer les gens de se repentir et de croire aujourd'hui. La vie est une vapeur qui se dissipe et nous ignorons quand elle prendra fin. La Bible dit qu'« aujourd'hui » est le jour pour se tourner vers Dieu si nous entendons sa voix (Hé 4.7).

Nous sommes des ambassadeurs portant le message d'un roi, pas des vendeurs cherchant à allécher des consommateurs. Nous devons nous adresser aux gens de manière urgente.

COMMUNIQUER AVEC CONFIANCE

Finalement, le message de l'Évangile est puissant. Il n'a pas besoin de notre aide. Nous pouvons donc annoncer l'Évangile avec confiance.

Paul savait que ceux qui entendaient son message ne deviendraient pas tous des chrétiens. Mais le problème réside-t-il dans la méthode ou le message ? Non. Le problème est l'aveuglement spirituel des non-croyants. Paul écrit :

> Si notre Évangile est encore voilé, il est voilé pour ceux qui périssent, pour les incrédules dont le dieu de ce siècle a aveuglé l'intelligence, afin qu'ils ne voient pas briller la splendeur de l'Évangile de la gloire de Christ, qui est l'image de Dieu (2 Co 4.3,4).

Le péché et nos propres cœurs corrompus nous empêchent de voir la vérité. L'aveuglement est délibéré.

Comment Paul passait-il par-dessus cet aveuglement ? Pas en utilisant une meilleure méthode ou un meilleur message. Il savait que Dieu seul pouvait le faire :

> Nous ne nous prêchons pas nous-mêmes ; c'est Jésus-Christ le Seigneur que nous prêchons, et nous nous disons vos serviteurs à cause de Jésus. Car Dieu, qui a dit : La lumière brillera du sein des ténèbres ! a fait briller la lumière dans nos cœurs pour faire resplendir la connaissance de la gloire de Dieu sur la face de Christ.

> Nous portons ce trésor dans des vases de terre, afin que cette grande puissance soit attribuée à Dieu, et non pas à nous (2 Co 4.5-7).

Le même Dieu qui a créé la lumière physique par une seule parole peut aussi faire briller la lumière spirituelle dans l'obscurité de l'incrédulité par une seule parole. Cela démontre que la « puissance est attribuée à Dieu, et non pas à nous ». Paul proclamait l'Évangile avec confiance. Il savait que Dieu faisait son propre appel à travers Paul et que les paroles de Dieu apportaient la vie et la lumière là où il y a la mort et les ténèbres.

Pourquoi ne partageons-nous pas l'Évangile plus souvent ? Je crois que pour beaucoup, c'est par crainte et découragement. Nous avons peur du rejet et nous sommes découragés du manque de réponse des gens. D'un autre côté, certaines personnes sont fières de leur évangélisation et de ceux qu'ils ont amenés à Christ. Pourtant, le timide et le fier doivent tous deux se souvenir que Dieu seul parle avec la même puissance qui a créé l'univers. Nous sommes confus à savoir qui a la responsabilité d'évangéliser et qui a la responsabilité de produire le fruit de l'évangélisation. Ce faisant, nous nous égarons d'un côté ou de l'autre : soit nous abandonnons, soit nous devenons des pragmatistes qui sont prêts à tout pour avoir des résultats. Ce n'est pas long que nous nous mettons à utiliser les astuces et la manipulation que Paul avait délaissées et nous produisons de faux convertis.

Notre tâche consiste à proclamer un message clairement, honnêtement, de manière urgente et avec confiance. La tâche de Dieu est de sauver et de convertir les gens. Cela change notre manière de définir le succès. Pour *nous*, le succès ne dépend pas des chiffres ou des résultats. Il dépend de notre fidélité. Nous ne sommes pas responsables de produire des résultats et nous n'avons pas besoin de mettre de la pression sur les gens ou de les manipuler. Nous n'essayons pas de conclure une vente, ce qui, je le répète, produit de faux convertis. Au lieu de cela, nous sommes libres d'aimer, d'exhorter et même d'implorer les gens avec des avertissements et des paroles de paix.

Voici ce qu'est l'Évangile : Dieu appelle les pécheurs avec amour. Nous sommes des ambassadeurs, des porte-paroles portant un message. Le message est clair : « Soyez réconciliés avec Dieu ! Celui qui n'a point connu le péché, il l'a fait devenir péché pour nous, afin que nous devenions en lui justice de Dieu » (2 Co 5.20,21). Chrétien, quelqu'un vous a déjà communiqué ce message. À qui donc pourriez-vous le partager à votre tour ?

7

ÉVALUEZ AVANT DE RECONNAÎTRE

Les implications pour le ministère

Il y a presque vingt ans, ma famille et moi avons déménagé en Angleterre pour mes études supérieures. Ces années étaient incroyablement importantes, mais c'était il y a si longtemps et tant de choses se sont passées depuis, que je me demande parfois si elles se sont réellement produites. Ensuite, je regarde le bout de papier encadré sur le mur et en voilà la preuve : mon diplôme. Oui, cela s'est réellement produit. Ce diplôme encadré est comme une photographie, la preuve de ce que nous voulons garder en mémoire.

Parfois, nous voulons garder cette preuve non pas parce que nous avons peur de l'oublier, mais parce que le sujet en question est trop important. Les douanes et les services d'immigration ne me croient pas sur parole quand je prétends être un citoyen du pays. Ils en veulent la preuve : mon passeport. Tout le monde peut dire qu'il est avocat ou médecin, mais j'aime voir le diplôme accroché au mur. C'est une preuve supplémentaire de sa légitimité.

Or, certaines choses sont encore plus importantes, mais plus difficiles à prouver. Suis-je aimé ? Est-ce que ma vie compte ? Pour le chrétien, il n'y a pas de question plus importante que : « est-ce que je suis sauvé ? » Notre destinée éternelle dépend de la réponse. Où pouvons-nous trouver la preuve ?

LA QUESTION PRÉCISÉE

Au chapitre 3, j'ai brièvement mentionné le sujet de l'assurance du salut et la « conversion modèle » des Thessaloniciens. J'aimerais approfondir cela et offrir des conseils pratiques sur la manière dont les Églises peuvent offrir l'assurance du salut avec prudence, avec sagesse et conformément à la Bible.

L'assurance du salut n'a rien à voir avec la question du sceptique : « Le christianisme est-il vrai ? » Elle demande plutôt à chaque soi-disant chrétien : « Est-ce que *je* suis sauvé ? » Ce n'est pas une question de vérité, mais d'authenticité et de crédibilité.

Il s'agit d'une question raisonnable pour quiconque se dit chrétien. Chaque jour, nous pensons et nous agissons d'une manière qui remet en cause la crédibilité de notre profession de foi. Nous suivons les penchants de la chair. Nous nous comportons comme si Dieu était en colère avec nous. Nous pratiquons le bien avec fierté, pensant que cela nous rapprochera de Dieu. Devant cette avalanche de preuves adverses, comment pouvons-nous avoir l'assurance de notre salut sans nous leurrer nous-mêmes ?

La véritable assurance doit se trouver en Christ, pas dans les démonstrations de la grâce dans nos vies. La Bible nous dit tout de même d'en examiner la preuve. « Examinez-vous vous-mêmes, pour savoir si vous êtes dans la foi » (2 Co 13.5). Nos Églises ont besoin d'aide pour cela. Si l'examen est fait avec sagesse, il rendra inconfortables ceux qui se trompent eux-mêmes et réconfortera ceux qui doutent. Cependant, je vous invite à lire ce chapitre en tandem avec le suivant, car ils présentent les deux côtés de la médaille. D'un côté, nous devons nous examiner nous-mêmes, et de l'autre, nous devons étendre le bénéfice du doute aux autres.

Comment un chrétien peut-il avoir l'assurance de son salut ? Voici deux réponses possibles.

EST-CE QUELQUE CHOSE QUE J'AI DIT ?

Comme je l'ai mentionné au chapitre 3, j'ai déjà travaillé pour une organisation bien connue durant un gros événement d'évangélisation. On nous a dit de diriger les gens dans une simple prière de confession de foi, puis de les assurer qu'ils étaient sauvés en leur remettant une carte avec la date de leur conversion comme preuve.

La plupart des chrétiens d'aujourd'hui trouvent la principale source de leur assurance du salut dans les mots qu'ils ont dits un jour. Avez-vous prié cette prière ? Avez-vous confessé vos péchés ?

Si oui, vous êtes un chrétien ! C'est ce qu'on m'a enseigné quand j'étais enfant. J'ai entendu ce refrain d'innombrables fois depuis.

La raison soi-disant biblique de cet argument n'est pas difficile à trouver. L'apôtre Paul a dit : « Si tu confesses de ta bouche le Seigneur Jésus, et si tu crois dans ton cœur que Dieu l'a ressuscité des morts, tu seras sauvé » (Ro 10.9). En effet, nos bonnes œuvres ne peuvent pas nous sauver ; nous sommes sauvés par la foi que nous professons.

Mais qu'est-ce que la foi ? Une prière et une confession ? C'est là que ce que Paul a dit aux Thessaloniciens nous aide. Il dit que leur foi est « devenue un modèle pour tous les croyants de la Macédoine et de l'Achaïe » (1 Th 1.7). Il poursuit en disant : « votre foi en Dieu s'est fait connaître en tout lieu [...] Car on raconte [...] comment vous vous êtes convertis à Dieu, en abandonnant les idoles pour servir le Dieu vivant et vrai, et pour attendre des cieux son Fils » (1 Th 1.8-10). Paul ne parle pas d'une prière, mais de la manière dont ils manifestent leur confiance.

La foi réelle comporte trois aspects. Premièrement, il y a la *connaissance*. On ne peut pas croire en ce qu'on ne connaît pas. Deuxièmement, il y a l'*accord*. Il ne suffit pas de connaître les faits que Jésus a vécu, qu'il est mort à notre place et qu'il est ressuscité. Nous devons être en accord avec cela. Troisièmement, il y a aussi la *confiance* personnelle. Il ne suffit pas de savoir et de s'accorder pour dire que les chaises servent à s'asseoir. La foi consiste à s'asseoir et avoir confiance que la chaise peut nous porter. Les démons connaissent la vérité de Jésus et en conviennent. Ils ne lui font tout de même pas confiance (Ja 2.17-19).

Les Thessaloniciens n'ont pas fait que prier. Ils ont activement fait confiance à l'Évangile de Dieu. Paul dit que leur foi les a conduits à « abandonner les idoles » (appelons cela la repentance) et à « servir le Dieu vivant et vrai et pour attendre des cieux son Fils » (appelons cela la confiance). Leur foi était une espérance vivante, et non une décision passée.

Quand nous trouvons notre assurance dans les mots que nous avons dits un jour, deux choses se produisent : nous confirmons le salut d'individus qui ne sont peut-être pas sauvés et nous empêchons ceux qui sont vraiment sauvés de trouver l'assurance dont ils ont besoin. Après tout, comment pouvons-nous être sûrs que la prière que nous avons faite était bien dite ou assez sincère ? Et si je n'avais pas simplement fait ce qui était attendu de moi ? Et si, et si, et si ? J'ai vécu avec ces doutes pendant des années. Loin d'être assuré de ma foi, je redisais ma prière sans cesse en espérant que *cette fois-ci* était la bonne.

Si l'assurance ne se trouve pas dans les mots qu'on a prononcés, où la trouve-t-on ?

EST-CE QUELQUE CHOSE QUI SE VOIT ?

Supposant que quelqu'un ait confessé sa foi en Christ, il peut trouver l'assurance du salut dans ce que les autres voient en lui. Paul remercie Dieu pour les évidences de la grâce qui prouvaient que les Thessaloniciens étaient vraiment sauvés. Il est confiant et il veut qu'ils le soient aussi.

Nous pouvons diviser ses observations dans trois catégories. Premièrement, il fait ressortir des preuves de *l'œuvre régénératrice du Saint-Esprit* :

> Nous rendons continuellement grâces à Dieu pour vous tous [...] nous rappelant sans cesse l'œuvre de votre foi, le travail de votre amour, et la fermeté de votre espérance en notre Seigneur Jésus-Christ [...] Nous savons [...] que vous avez été élus ; notre Évangile ne vous a pas été prêché en paroles seulement, mais avec puissance, avec l'Esprit-Saint, et avec une pleine persuasion (1 Th 1.2-5).

Paul souligne leur foi, leur espérance, leur amour, ainsi que la puissance de l'Esprit et une pleine persuasion. Au verset 6, il mentionne la joie du Saint-Esprit. Bien sûr, les non-chrétiens agissent aussi avec joie et amour. Paul distingue pourtant quelque chose de particulier, une ressemblance avec le Père céleste. C'est comme lorsque quelqu'un contemple les photos de mes enfants. « Wow ! Ça, c'est un Lawrence ! » De la même manière, la foi, l'espérance et l'amour des Thessaloniciens démontrent qu'ils sont nés de Dieu.

Deuxièmement, Paul remarque leur *confiance active et présente*. Il écrit :

> Et vous-mêmes, vous avez été mes imitateurs et ceux du Seigneur, en recevant la parole au milieu de beaucoup d'afflictions, avec la joie du Saint-Esprit [...] Non seulement, en effet, la parole du Seigneur a retenti de chez vous... (1 Th 1.6,8)

Ils ont accueilli le message malgré leurs afflictions. Ils ont partagé l'Évangile. De plus, la mention au verset 3 de « la fermeté de *[leur]* espérance » suggère que l'opposition à laquelle les Thessaloniciens étaient confrontés ne s'était pas estompée. Ce n'est pas une décision passée, une prière qu'ils ont faite l'an dernier. C'est quelque chose que les gens pouvaient voir dans le présent.

Troisièmement, Paul fait allusion à un *modèle de croissance*. Ils imitaient Paul (1 Th 1.6) et d'autres constataient la même chose (v. 9). Leur foi n'était pas un feu de paille. Ils persévéraient, « fondés et inébranlables dans la foi, sans *[se]* détourner de l'espérance de l'Évangile » (Col 1.23).

L'assurance du salut est un projet de communauté. Paul et les autres rapportent ce qu'ils ont vu et encouragent ainsi les Thessaloniciens.

Quand nous prenons conscience que l'assurance du salut ne dépend pas seulement de ce que *je* dis, mais aussi de ce *qu'on* voit, quelque chose d'incroyable se produit. Je cesse de me regarder et j'invite les autres à me regarder. En retour, je regarde les autres. La vie chrétienne au sein de l'Église ne consiste plus à chercher l'assurance de mon salut, mais à rassurer les autres de leur salut. Soudainement, l'Église locale devient un cadeau incroyable de Dieu pour nous encourager et nous aider. Ce n'est plus la place pour se pavaner, mais la place pour mettre en évidence l'œuvre du Saint-Esprit dans les vies des autres : l'assurance collective du salut.

EST-CE QUE JE CROIS ? S'IL VOUS PLAÎT, DITES-LE-MOI.

L'Église locale contribue de huit manières à nous aider les uns les autres à répondre à la question « Est-ce que je crois ? »

Premièrement, ralentissons le processus d'acceptation des membres. Ce ne devrait pas être difficile de se joindre à une Église, mais contrairement aux Églises de ma jeunesse, nous ne devrions pas pouvoir nous y joindre après un seul dimanche. Installons un processus. Cela pourrait inclure un repas avec les nouveaux, un cours de membres ou une entrevue avec le pasteur. Si votre Église a plusieurs anciens, laissez les anciens évaluer et recommander les demandes pour devenir membre. Si votre Église est congrégationaliste, votez pour l'acceptation des nouveaux membres durant les réunions des membres, ces dernières ne se produisant habituellement que quatre à six fois par année. De cette manière, chaque éventuel membre aura la chance d'apprendre à connaître l'Église et l'Église aura la chance de connaître les éventuels membres et de voir l'œuvre du Saint-Esprit dans leurs vies. (Non, je n'approuve pas les périodes probatoires.)

Deuxièmement, que les pasteurs ou les anciens passent en entrevue ceux qui désirent devenir membres. Ce sont eux les bergers et leur responsabilité est de surveiller la porte des brebis. Le but de l'entrevue n'est pas de tester les connaissances bibliques des gens sur des points difficiles de théologie. Le but est de prendre le temps d'écouter le témoignage de la personne dans un environnement où elle se sent en confiance. Il y a une limite à ce qu'on peut apprendre dans le vestiaire de l'église après le culte. Le but est de comprendre ce qui s'est passé dans la vie de la personne : comment Jésus-Christ l'a changée et continue à la changer, quelle est son espérance dans l'Évangile ? Après une telle entrevue, la recommandation d'un ancien d'accepter quelqu'un comme membre prend toute son importance.

Troisièmement, réévaluons les pratiques du baptême et de la cène. Nous ne devons pas baptiser les gens spontanément. Le baptême et l'adhésion comme membre doivent plutôt être reliés, comme ils le sont dans le Nouveau Testament. Excepté pour des baptêmes qui se font en mission, comme pour l'eunuque éthiopien, les apôtres ne baptisaient pas les gens sans les intégrer à l'Église locale. Consacrons du temps durant le culte du dimanche à l'écoute de témoignages de baptême, témoignages, non de simples prières, mais de vies changées. En ce qui concerne la cène, évitons de dire qu'elle est « ouverte à tous ». Prenons le temps d'expliquer qui peut y participer, c'est-à-dire les membres baptisés des Églises locales proclamant l'Évangile. La semaine précédente, encourageons les membres à sonder leurs cœurs et leurs relations. Et même si c'est plus rapide, ne pratiquons pas une communion de type service au volant où chacun se sert lui-même. Servons-nous les uns les autres et prenons la communion ensemble. Nous ne prenons pas la cène par nous-mêmes, comme si l'Église était une machine distributrice. Nous la prenons ensemble en nous disant les uns aux autres : « Je vois que tu crois et qu'ainsi tu es à ta place ici. » Ou dans les mots de Paul : « Puisqu'il y a un seul pain, nous qui sommes plusieurs, nous formons un seul corps ; car nous participons tous à un même pain » (1 Co 10.17).

Quatrièmement, soyons particulièrement prudents quand nous reconnaissons le salut des enfants. Une assurance du salut prématurée et non injustifiée peut être comme un vaccin contre la vraie foi. Appelons les enfants à croire. Enseignons-les et édifions-les dans la foi. Quand ils proclament leur foi à haute voix, réjouissons-nous. Néanmoins, souvenons-nous que la vraie preuve de la foi est la confiance et que cette confiance prend du temps et des opportunités pour se manifester. Il n'y a pas d'âge fixé pour cela. Pour certains, la confiance véritable sera évidente assez tôt. Pour d'autres, ce pourrait être plus long. Tout délai ne concerne pas la possibilité de la régénération de l'enfant en question, mais de la capacité de l'Église à affirmer son salut avec confiance.

Cinquièmement, accordons de l'importance à l'adhésion comme membre. Il ne s'agit pas d'une liste des noms de ceux qui, à un moment ou un autre, ont été associés à votre Église. Les membres constituent le réseau actuel de relations publiques et vérifiables dans l'Église. Nous nous aidons les uns les autres à savoir que nous croyons quand nous participons aux cultes de l'Église régulièrement et quand nous nous investissons dans la vie des uns des autres. Si nous ne sommes pas présents ou engagés, construisant nos vies dans l'Église, comment pouvons-nous aider les autres à savoir qu'ils croient et comment pourraient-ils nous aider ?

Sixièmement, pratiquons la discipline d'Église. La discipline ne signifie pas que nous n'aimons pas quelqu'un ou que nous sommes en colère contre lui. Ce n'est pas non plus que quelqu'un a commis un péché de trop ou que certains sont meilleurs que les autres. Cela ne veut pas dire que quelqu'un ira en enfer. La discipline d'Église signifie que nous ne sommes plus en mesure d'accorder l'assurance du salut à quelqu'un, faute d'évidences. Ce pourrait être à cause d'un péché qui perdure sans repentance. Ce pourrait aussi être en raison de son éloignement de l'Église à un tel point que nous ne savons plus rien de sa vie. Peu importe la raison, la discipline d'Église est un acte d'amour. Nous pouvons tous nous tromper à propos de nous-mêmes. La discipline signifie que l'assemblée ne rassurera personne faussement en disant : « Au moins, ils ont fait la prière de repentance quand ils étaient enfants. » Au lieu de cela et par amour, l'Église ne sera pas satisfaite par une décision passée et ne les laissera pas non plus se satisfaire de cela.

Septièmement, recourons à l'Évangile comme premier outil de counseling et de formation de disciples. L'Évangile est pour les chrétiens non seulement parce qu'il nous convertit, mais aussi parce qu'il produit en nous des changements durables. Confrontons le péché, sinon nous risquons de réconforter des gens en chemin vers l'enfer. Toutefois, évitons de dire : « Ressaisis-toi et réessaye ; voici quelques trucs et conseils. » Appelons-nous plutôt les uns les autres à renouveler notre repentance et notre foi pour prouver à chacun que nous croyons.

Huitièmement, souvenons-nous que les relations concernent autant, sinon plus, l'encouragement que la responsabilité. Quand nous voyons un frère ou une sœur en Christ qui vit d'une manière incohérente avec leur profession de foi, nous devons leur parler avec douceur et amour pour les corriger, les exhorter ou parfois même les reprendre. Plus important encore, quand nous constatons la foi, l'espérance et l'amour, soyons prompts à le mentionner. Il est parfois difficile de reconnaître les preuves du salut en nous-mêmes. Nos péchés sont devant nos yeux et nous aveuglent. Notre perspective est souvent dominée par le péché et les échecs du moment. C'est là que nous avons besoin que d'autres nous regardent et soulignent notre croissance à long terme, notre confiance actuelle et le fruit de l'Esprit que souvent nous ne pouvons pas voir en nous-mêmes.

Est-ce que je suis sauvé ? L'êtes-vous ? Tant de chrétiens essaient de vivre la vie chrétienne par eux-mêmes. Tant d'Églises pratiquent un christianisme superficiel qui nous laisse seuls et qui a du mal à répondre à notre question. Louez Dieu pour les Églises locales en santé, parce qu'aucun de nous ne peut le faire seul. Je dois savoir si je suis sauvé ou si je suis dupe. Vous devez le savoir vous aussi. Voilà pourquoi nous avons besoin de l'Église.

« Nous vivons en ce moment une heureuse période de croissance numérique et d'implantation de nouvelles Églises. Dans le but de nous aider à garder une vision saine et juste de notre mission, Lawrence nous rappelle que la nouvelle naissance relève entièrement de l'œuvre de Dieu. Nous ne pouvons aucunement produire des conversions authentiques par nos programmes, nos techniques ou même par nos appels à prier une prière particulière. Lawrence nous met en garde contre la cruauté de donner une fausse assurance à ceux qui ne suivent pas vraiment le Seigneur, puis il nous montre comment il est important pour l'Église d'encourager et de reconnaître les fruits authentiques. L'enjeu est grand : rien de moins que la crédibilité de l'Évangile dans notre génération et la gloire du Dieu qui fait grâce. Je recommande vivement ce livre. Son impact sur votre ministère sera durable. »

TREVOR HARRIS, pasteur de l'Église Protestante Évangélique de La Garenne-Colombes ; coresponsable de l'association Prêche la Parole ; professeur à l'Institut Biblique de Genève

« À l'heure où le monde évangélique francophone grandit, le danger serait de voir se développer un christianisme purement culturel. Dans ce contexte, une saine doctrine de la conversion est vitale. Je suis reconnaissant pour la traduction de ce livre de Michaël Lawrence qui permettra aux chrétiens de comprendre ce qu'est la véritable conversion. Au-delà de la doctrine, l'auteur donne des applications pratiques pour la vie individuelle et communautaire, notamment en ce qui concerne l'évangélisation et l'accueil dans l'Église. C'est un vrai encouragement à développer une culture de la conversion au sein de nos Églises locales. »

PHILIPPE MONNERY, directeur de France Évangélisation ; secrétaire général du Réseau FEF

« Malheureusement, trop d'Églises se contentent d'une compréhension vaguement biblique de ce qu'est la nouvelle naissance, et leurs responsables ont parfois du mal à reconnaître les véritables enfants de Dieu dans l'assemblée. Si la conversion n'est pas bien comprise, cela reflète souvent une mauvaise compréhension des vérités fondamentales de la grâce et de la nouvelle vie en Christ. Ce petit livre est donc très utile : il clarifie ce qu'est la nouvelle naissance dans la Bible. Je le recommande, car il est assez simple pour être lu par un jeune chrétien et assez solide pour que les responsables puissent l'utiliser pour affermir l'Église. »

RAPHAËL CHARRIER, pasteur de l'Église Chrétienne Évangélique de Grenoble ; blogueur sur toutpoursagloire.com

« La conversion est essentielle, mais elle est mal comprise. Lawrence nous expose cette réalité et il nous explique d'une manière simple et convaincante ce que la Bible enseigne à ce sujet. Ce petit livre est un grand cadeau. »

MARK DEVER, pasteur de la Capital Hill Baptist Church, Washington, D.C. ; président de 9Marks

« Cette ressource sur la formation de disciples a tout pour être un succès ; elle est claire, brève et pratique, pastorale, pertinente et fidèle aux Écritures. Chaque ligne de chaque chapitre encourage des discussions profondes sur ce que la Parole enseigne concernant l'évangélisation, la conversion et l'Église. Je suis si reconnaissante que Michael Lawrence ait écrit ce livre. Je m'y référerai souvent. »

GLORIA FURMAN, coauteure du livre *Le ministère féminin centré sur la Parole*

« Terre-à-terre, clair, pratique, sans ambiguïté, cet ouvrage propose un sommaire convaincant et biblique de la nature et de la nécessité de la conversion. C'est un excellent livre. »

DAVID F. WELLS, professeur de recherche émérite du Gordon-Conwell Theological Seminary et auteur du livre *The Courage to Be Protestant: Truth-Lovers, Marketers, and Emergents in the Postmodern World*

« Ce livre est biblique et extrêmement pertinent pour les pasteurs et leurs brebis. Michael Lawrence touche en plein dans le mille ce qui concerne l'expérience de la conversion. Naître de nouveau n'est pas le résultat d'une prière superficielle, émotionnelle et motivée par l'homme. Ce livre nous appelle à réexaminer les Écritures afin de constater que la conversion est une œuvre divine du début à la fin, ce qui devrait être évident dans la manière dont les vrais disciples vivent dans l'obéissance à Christ par amour ; dans leur désir d'appartenir à une Église locale où ils rendent des comptes ; et dans la façon dont ils vivent l'Évangile dans la sainteté et prennent part à l'évangélisation. La conversion nécessite la repentance et la repentance nécessite le travail du Saint-Esprit. Je suis ravi que ce livre ait été publié dans un temps comme celui-ci. »

MIGUEL NÚÑEZ, pasteur principal de l'International Baptist Church à Santo Domingo, République dominicaine ; président de Wisdom & Integrity Ministries

« Dans ce livre crucial, Michael Lawrence brosse un tableau de la théologie biblique de la conversion avec clarté. Le but ici n'est pas de dire que la conversion rend les gens gentils, puisqu'on peut être gentil sans être converti. D'un autre côté, puisqu'il est possible de se sentir converti et de ne pas l'être, la conversion n'est pas subjective. Lawrence affirme que la conversion débute avec Dieu (régénération) et porte du fruit dans l'homme (repentance et foi). Cette surabondance de la grâce divine nous permet non seulement de nous repentir et de croire, mais aussi de nous joindre au peuple que Dieu a créé en Jésus-Christ. Bref, la conversion culmine dans l'appartenance à une Église locale. Je recommande chaleureusement ce livre. »

JONAS MADUREIRA, pasteur principal de la Reformed Baptist Church à São Paulo, Brésil

« La vraie conversion n'est pas une apparence de "gentillesse", elle ne dépend pas non plus d'une décision prise des années auparavant. La vraie conversion n'est rien de moins qu'une renaissance, une nouvelle création et une nouvelle vie en Christ. Ce livre offre un compte-rendu clair et persuasif de la conversion, selon les Écritures. Il démontre à quel point il est essentiel pour chaque croyant et chaque Église d'en avoir une compréhension juste. Je le recommande fortement. »

CONSTANTINE R. CAMPBELL, professeure associée du Nouveau Testament à la Trinity Evangelical Divinity School

« Avec une précision théologique et un langage simple et accessible, Michael Lawrence nous guide à travers les Écritures et nous aide à comprendre ce qu'est une vraie conversion et quels sont les fruits qui l'attestent. C'est un livre que j'aimerais remettre dans les mains de chaque membre de notre Église. »

SUGEL MICHELEN, pasteur de l'Iglesia Bíblica del Señor Jesucristo à Santo Domingo, République dominicaine

« S'il y a un sujet où Satan a tenté de semer la confusion, c'est bien celui de la nature de la vraie conversion. Quel serait le meilleur moyen de condamner des gens religieux à l'enfer sinon celui de les faire croire à tort qu'ils sont convertis ? Michael Lawrence clarifie ce point pour nous en se basant sur la vérité bien souvent oubliée de la régénération, qui est le fondement de la conversion. Il termine en présentant les implications pratiques de cette vérité lorsqu'elle est considérée sous une perspective biblique. Sa plume est celle d'un écrivain doué prodiguant des conseils pastoraux. Je recommande fortement à tous ceux qui se savent réellement convertis de lire cet excellent livre afin d'éviter d'égarer les autres. »

CONRAD MBEWE, pasteur de la Kabwata Baptist Church à Lusaka, Zambie et président honoraire de l'African Christian University à Lusaka, Zambie

8

CHARITABLES, PAS MÉFIANTS

Les dangers d'une Église trop pure

Voici la réflexion de deux poètes célèbres sur la nature de l'interaction humaine :

> « Aucun homme n'est une île, entier en lui-même ; tous sont une partie du continent, une partie du tout » (John Donne, 1624 ; *traduction libre*).

> « Je suis un rocher, je suis une île; un rocher ne ressent pas la douleur et une île ne pleure jamais » (Paul Simon, 1965 ; *traduction libre*).

Ces deux petites phrases expriment l'une des plus grandes tensions émotionnelles de nos vies. Nous sommes faits pour vivre en communauté. Nous ne pouvons pas vivre seuls. Pourtant, appartenir à une communauté, c'est risquer de vivre les douleurs profondes du rejet et de l'exclusion. Il serait peut-être plus facile d'être une île après tout.

Ce paradoxe se remarque très tôt, à l'école ou dans les équipes sportives. Il s'accentue à l'université. Notre milieu de travail ressemble plus qu'on voudrait bien l'admettre à celui de l'école secondaire, avec ses groupes et ses cliques. Il semble qu'on ne passe jamais l'âge de se demander si on est à sa place.

Puis, il y a l'Église. Est-ce que je suis à ma place, ici ? Dans les Évangiles, on nous enseigne que Dieu nous accepte à travers Jésus-Christ. Mais qu'en est-il du peuple de Dieu ? Est-ce qu'ils m'acceptent ?

LA QUESTION PRÉCISÉE

De nombreux chrétiens entrent dans une église, puis se demandent : « suis-je à ma place ? » Ainsi, désirant que les gens se sentent comme à la maison, de nombreuses Églises se forment autour de l'ethnicité, le niveau d'éducation, la classe économique, l'âge ou la culture, pour n'en nommer que quelques-uns.

C'est tout à fait admirable d'être accueillant et accessible, mais cette approche a un grave défaut. D'une part, on dirait que personne ne cible ceux qui sont laids, impopulaires ou marginaux. De plus, quand est-il des avertissements de Jacques contre le favoritisme (Ja 2.1-5) ? Est-ce qu'ils ne s'appliquent plus si l'objectif est la croissance de l'Église et l'évangélisation ?

Les non-chrétiens ne se demandent pas s'ils y sont à leur place. Ils ont plein d'endroits où ils peuvent être avec des gens qui leur ressemblent. Au contraire, beaucoup de non-chrétiens sont intrigués par l'idée d'une véritable communauté. Ils veulent éprouver un sentiment d'appartenance eux aussi. D'ailleurs, il y a toute une philosophie du ministère qui encourage les pasteurs à attirer les non-chrétiens en leur donnant un sentiment d'appartenance avant qu'ils ne croient. La logique de cette philosophie est qu'une fois qu'ils trouvent une vraie communauté dans l'Église, il est plus probable qu'ils deviennent croyants.

C'est une approche populaire aujourd'hui, mais il n'existe malheureusement pas d'« appartenance avant la croyance ». Quelqu'un qui appartient au peuple de Dieu est quelqu'un qui a été sauvé du royaume des ténèbres et transporté au royaume de la lumière par la foi en Jésus-Christ (Col 1.12,13). C'est parce que nous croyons que nous appartenons, jamais l'inverse.

« Est-ce que je suis à ma place ? » n'est pas la question du consommateur ni celle du chercheur. C'est la question de celui qui doute. Au chapitre précédent, j'ai expliqué que les Églises sont un don de Dieu pour nous assurer que nous sommes de vrais croyants. Mais où traçons-nous la ligne ? Examinons deux réponses possibles.

JE SUIS À MA PLACE À CAUSE DE MA SAINTETÉ

Au chapitre précédent, j'ai mis l'accent sur le rôle des preuves externes pour nous donner l'assurance du salut les uns aux autres. Par contre, aussitôt que nous acceptons l'enseignement biblique selon lequel nous ne pouvons accepter comme membres de l'Église que de vrais convertis, et donc de les assurer de leur foi, nous risquons de tomber dans l'autre extrême. Nous savons que nous devons voir si la personne a un amour pour la vérité de Dieu, si elle s'est détournée du péché et si elle a la volonté d'obéir à Dieu. Alors vient la question : quel est le minimum de pureté morale, personnelle et doctrinale requis ? Qu'est-ce qui est trop peu ? Nous pouvons facilement devenir méfiants et réticents à accepter quiconque ne correspond pas à nos critères personnels ou collectifs.

C'est exactement cette attitude qui repousse les non-chrétiens : nous nous pensons meilleurs que les autres ; notre appartenance à l'Église provient du fait que nous sommes de bonnes personnes dont la vie, les opinions politiques et l'accoutrement sont « adéquats ».

Quand nous commençons à craindre d'accepter les autres sur la base de notre mesure de sainteté, nous devenons des pharisiens. C'est la grande erreur du fondamentalisme, c'est le piège dans lequel toutes les Églises conservatrices et centrées sur la théologie risquent de tomber. Jésus n'a jamais condamné les pharisiens pour leur sainteté. Il les a condamnés parce qu'ils réduisaient la sainteté à une liste d'actes extérieurs à faire ou à ne pas faire et qu'ils jugeaient tous les autres en suivant leurs propres critères.

Si c'est grâce à la sainteté, peu importe comment nous la définissons, que nous affirmons notre appartenance, comment pouvons-nous décider en tant qu'Église qu'une personne appartient à notre communauté ? Qu'est-ce qu'une sainteté suffisante ?

JE SUIS À MA PLACE À CAUSE DE MON ESPÉRANCE

Dans le premier chapitre de 1 Corinthiens, Paul nous présente une meilleure réponse.

> Je rends à mon Dieu de continuelles actions de grâces à votre sujet, pour la grâce de Dieu qui vous a été accordée en Jésus-Christ. Car en lui vous avez été comblés de toutes les richesses qui concernent la parole et la connaissance, le témoignage de Christ ayant été solidement établi parmi vous, de sorte qu'il ne vous manque aucun don, dans l'attente où vous êtes de la manifestation de notre Seigneur Jésus-Christ. Il vous affermira aussi jusqu'à la fin, pour que vous soyez irréprochables au jour de notre Seigneur Jésus-Christ (1 Co 1.4-8).

Pensons aux louanges adressées par Paul : il remercie Dieu pour la grâce qu'ils ont reçue. Il se réjouit de les voir s'enrichir dans la parole et la connaissance. Il proclame qu'ils possèdent le témoignage de Christ. Il dit qu'il ne leur manque aucun don et qu'ils attendent patiemment le retour du Seigneur. Ces versets sont presque aussi positifs et encourageants que ceux de la première épître aux Thessaloniciens, que nous avons examinés au chapitre précédent.

Néanmoins, le ton change rapidement. Paul ne dit presque plus rien de positif sur les Corinthiens dans la suite de sa lettre. Au chapitre 3, il les traite d'« enfants », de « charnels », d'« immatures qui ne peuvent pas supporter la nourriture solide » (v. 1-3). Or, les premières lignes de la lettre sont cruciales, car elles démontrent la charité de Paul envers les Corinthiens. Ce n'est pas à cause de leur maturité ou de leur sainteté qu'ils appartiennent au peuple de Dieu. Ils y appartiennent, car leur espérance est en Jésus-Christ et que cette espérance réoriente leur vie.

Qu'arrive-t-il quand nous démontrons de la charité au lieu de la méfiance ? En utilisant les chapitres suivants de 1 Corinthiens, j'aimerais faire ressortir cinq groupes étonnants de personnes qui appartiennent à nos Églises à cause de leur espérance en Jésus-Christ.

LES IMMATURES

Au chapitre 3, Paul dit des Corinthiens qu'ils sont des « enfants en Christ ». Leur *doctrine* n'est pas ce qu'elle devrait être. Ils ont encore beaucoup à apprendre, que ce soit par rapport à leur compréhension de la nature de l'Église et de sa croissance (chap. 3), à leur théologie de la louange (chap. 14) ou celle de la résurrection à venir (chap. 15). Leur ignorance provoque des troubles et des divisions dans l'Église. Des disputes éclatent ! Mais ce n'est pas seulement la doctrine de leur Église qui est un problème. Leur compréhension de la *vie* chrétienne est immature. Ils sont complètement perdus sur le sujet de la consommation des viandes sacrifiées aux idoles (chap. 8) et ils ont de terribles opinions sur le mariage et le célibat (chap. 7). Et pourtant, malgré toute cette immaturité, Paul les appelle ses « frères » et il reconnaît qu'ils sont « en Christ ».

Pour certaines de nos Églises, c'est un problème auquel il faut s'attaquer. Elles devraient se préoccuper de vivre avec droiture et d'avoir une bonne doctrine. Cependant, que nous provenions d'une dénomination plus libérale ou que nous soyons fondés à revenir à un christianisme biblique, ne pouvons-nous pas démontrer de la charité envers ceux qui ne sont pas rendus là où nous en sommes dans notre croissance ? Pouvons-nous trouver de la place dans nos Églises conservatrices pour inclure ceux qui sont moins matures ?

LES IMPARFAITS

Les chrétiens imparfaits ont aussi leur place dans l'Église. Ce n'est pas un terme utilisé par Paul, mais par Eleazar Savage. Il était un baptiste du nord dans l'état du Connecticut au début du XIXe siècle et c'est de cette façon qu'il a décrit les chrétiens qui devaient être supportés. Dans cette catégorie, il incluait les facilement irritables, les bavards, les envahissants, les fainéants, les mesquins et bien d'autres[1]. On pourrait les mettre dans la catégorie des immatures, mais contrairement à ce qu'on pourrait s'attendre, certains de ces traits de caractère ne changeront jamais, peu importe s'ils acquièrent de la maturité dans d'autres domaines. Nous pouvons voir ces personnes, dans 1 Corinthiens 1 et 3, impliquées dans des querelles sans importance et des désaccords ridicules. Nous les voyons, au chapitre 14, incapables d'arrêter de parler pour laisser quelqu'un d'autre dire un mot. Nous les voyons, au chapitre 12, se vantant fièrement de leurs propres dons. Malgré cela, même si Paul n'a pas de compliments pour ces failles de caractère, il dit d'eux « Vous êtes le corps de Christ, et vous êtes ses membres, chacun pour sa part » (12.27). Nous avons tous des faiblesses de caractère qui nous rendent boiteux, et il est possible que nous boitions toute notre vie. Nous devons donc nous supporter les uns les autres, car si notre espérance est en Christ, nous appartenons à l'Église.

LES FAIBLES

Il est clair que même si les Corinthiens se sont tournés vers Christ, ils luttent toujours avec le péché. Paul confronte entre autres l'immoralité sexuelle (chap. 6), le divorce non biblique (chap. 7) et l'ivrognerie (chap. 11). Paul n'approuve nullement ces péchés. Il ne passe pas outre. Il dit même aux Corinthiens de « fuir la débauche » (6.18). Or, du même souffle, il reconnaît leur salut en leur demandant : « Ne savez-vous pas que votre corps est le temple du Saint-Esprit qui est en vous, que vous avez reçu de Dieu [...] ? » (6.19.) En d'autres mots, Paul sait que les chrétiens véritables sont faibles dans la chair et qu'ils luttent avec le péché. Il leur démontre de la charité parce que leur lutte est une preuve de leur espérance.

Il y a des années de cela, j'ai travaillé avec un jeune homme qui luttait avec l'immoralité sexuelle ; il faisait appel aux services de prostituées, entre autres. Cela me brisait le cœur. À certains moments, les anciens de l'Église ont sérieusement considéré la discipline d'Église. Ce qui nous retenait, c'était qu'il luttait sincèrement. Chaque fois qu'il tombait, il venait nous voir pour se confesser et il nous invitait à entrer encore plus profondément dans sa vie. Il aurait facilement pu cacher son péché et nous mentir, mais il ne l'a pas fait. L'Église a donc accompagné ce frère faible et en difficulté dans sa marche. Nous ne lui avons pas dit qu'il n'avait pas sa place ici. Nous lui avons dit : « nous allons t'accompagner dans tes faiblesses et tes luttes ».

Les hypocrites qui se cachent et qui mentent n'ont pas d'espérance en Christ, même si de l'extérieur, ils ont l'air bien. C'est la lutte honnête et ouverte qui démontre une réelle espérance en Christ.

LES BLESSÉS

Nous ne faisons pas que lutter avec le péché. D'autres ont péché contre nous et nous répondons en péchant contre eux. Dans notre douleur, nous ripostons pour éviter d'être encore plus blessés. Nous engourdissons notre douleur avec d'autres péchés, plutôt qu'avec le baume de l'Évangile. Peut-être que c'est en partie ce qui se passe dans 1 Corinthiens 6. Paul reprend les Corinthiens parce qu'« un frère plaide contre un frère, et cela devant des infidèles ! » (v. 6.) Nous savons comment cela fonctionne : la meilleure défense est l'attaque et si quelqu'un intente un procès contre nous, nous faisons de même contre eux. À cela, Paul réplique « Pourquoi ne souffrez-vous pas plutôt quelque injustice ? Pourquoi ne vous laissez-vous pas plutôt dépouiller ? » (1 Co 6.7.) Il appelle les Corinthiens à répondre aux insultes avec grâce et à riposter aux attaques avec le pardon et l'amour. Cela ne veut pas dire que nous devrions nous soumettre à l'injustice, mais notre réaction comme victime devrait être régie par l'Évangile et non par notre douleur. Remarquons encore une fois que Paul les appelle « frères ».

LES SCANDALEUX

Paul dit qu'il y a une catégorie qui ne devrait pas appartenir à l'Église et à laquelle il n'étend pas sa charité. Ce sont les méchants, ou les non-repentants. Ce n'est pas que Paul ne les aime pas, mais ceux-ci devraient recevoir un amour qui châtie. Dans 1 Corinthiens 5, il appelle l'Église à « ôter le méchant du milieu d'*[elle]* » (v. 13). À cause du manque de repentance de cette personne pour son grave péché, l'Église ne peut plus affirmer que cet homme est un frère.

Alors parfois, quelque chose d'extraordinaire se passe. Dans 2 Corinthiens 2, Paul dit à l'Église : « Il suffit pour cet homme du châtiment qui lui a été infligé par le plus grand nombre, en sorte que vous devez bien plutôt lui pardonner et le consoler, de peur qu'il ne soit accablé par une tristesse excessive » (2 Co 2.6,7). Plusieurs croient qu'il s'agit de la même personne que dans 1 Corinthiens 5. Il semble qu'il se soit repenti avec beaucoup de chagrin. Paul dit alors à l'Église de le reprendre, de lui pardonner et de le réconforter en lui faisant savoir qu'il a sa place parmi eux. Il n'y a pas de péchés si scandaleux ou de passé si répugnant qu'ils ne peuvent être pardonnés par la grâce de Jésus-Christ à ceux qui se repentent et mettent leur espoir en lui. Si Christ ne rejette pas le meurtrier, l'homosexuel ou le pédophile qui se repent, pouvons-nous le faire ?

En fait, nos noms se trouvent tous quelque part sur cette liste. Êtes-vous immature dans votre doctrine ou votre vie ? Avez-vous des faiblesses de caractère que les autres doivent supporter ? Luttez-vous avec le péché ou a-t-on péché contre vous ? Traînez-vous derrière vous un passé de péchés honteux et scandaleux ? Peu importe le nombre de catégories dans lesquelles nous nous retrouvons, si notre espérance est en Christ, nous appartenons à l'Église.

L'espérance en Christ se démontre dans la trajectoire de notre croissance, pas dans l'atteinte du but. Elle se voit quand nous sommes enseignables et non quand nous connaissons déjà tout. Elle lutte contre le péché, elle ne vit pas tranquille dans Sion (Am 6.1). Elle boite à cause des blessures de combat, mais elle continue de boiter vers l'avant. Elle s'attache à l'enseignement fiable « que Jésus-Christ est venu dans le monde pour sauver les pécheurs, dont je suis le premier » (1 Ti 1.15). Il n'existe pas de honte trop grande qu'elle ne peut être comprise dans la honte de la croix de Christ et y être rachetée pour une gloire éternelle.

Paul dit des Corinthiens qu'ils sont des enfants, des immatures et qu'ils ne sont pas spirituels. Il ne les a pas rejetés pour autant, mais il ne les a pas laissés là non plus. Il les a appelés à croître dans la communauté de l'Église, qui est l'école de la foi et non pas le Temple de la renommée de la foi. Ou encore, l'Église est la vigne de Dieu et nous ne sommes pas des inspecteurs agricoles, mais des jardiniers travaillant ensemble pour que le fruit de la foi se forme.

À quoi cela ressemble-t-il ? Dans ma propre Église, nous confessons l'Évangile par le baptême, nous proclamons notre espérance dans l'Évangile, nous nous accordons sur la déclaration de foi et la gouvernance de l'Église et finalement, nous démontrons notre désir de croître dans l'espérance en Christ. Si cela vous correspond, vous pouvez appartenir à l'Église.

Il y a quelques années, j'ai passé en entrevue un jeune couple fiancé qui désirait devenir membres. La jeune femme avait grandi dans l'Église et son histoire et ses réponses étaient impeccables. Lui, il sortait d'une vie d'immoralité et de dépendance à diverses substances, et ses réponses étaient pour le moins sérieuses. Malgré cela, en sortant de l'entrevue, il avait l'étincelle de la vie spirituelle et elle, non. Nous les avons tous deux acceptés comme membres. Ils sont restés fiancés pendant longtemps. Je leur ai donné le cours de préparation au mariage. À la fin, j'ai pris le jeune homme à part et je lui ai recommandé de ne pas se marier. Sa fiancée avait une bonne réputation dans l'Église, mais j'étais plus convaincu que jamais qu'elle n'avait aucune vie spirituelle, et qu'elle était encore morte dans ses péchés. Ils se sont tout de même mariés et, pendant des années, l'Église les a accompagnés dans un mariage difficile. Il grandissait en tant que chrétien et elle stagnait. Ils ont éventuellement déménagé et leur mariage s'est terminé par une rupture et un divorce, alors qu'elle l'a laissé.

Avons-nous fait une erreur en l'acceptant comme membre plusieurs années auparavant ? Non. Malgré toutes mes intuitions, je ne peux pas voir le cœur des gens et vous ne le pouvez pas non plus. Avec charité, nous avons dit « tu appartiens à l'Église ». Avec charité, nous l'avons accompagnée, l'avons supportée et l'avons gentiment appelée à vivre dans la foi. Si c'était à refaire, je prendrais la même décision. L'Église n'est pas pour ceux qui se trouvent déjà au ciel, mais pour ceux qui ont l'espérance de s'y trouver. Pour certains, leur espérance se révèle être fausse. Pour d'autres, même s'ils sont faibles, blessés, malades et souffrants, elle s'avère sincère. C'est pour des gens, comme nous, que Christ est mort et qu'il a bâti son Église afin qu'ensemble nous puissions devenir ce que Paul décrit à la fin de sa lettre aux Corinthiens : des « hommes et femmes de courage, fermes dans la foi et forts, faisant tout avec charité[2] ». Ici, le mot « charité » est simplement un mot ancien pour amour.

CONCLUSION

Nous pouvons nous poser cette question au sujet de la doctrine de la conversion dans la vie de l'Église : si la conversion est l'œuvre de Dieu et qu'il est souverain sur le salut, en quoi l'application de cette théologie dans la vie collective importe-t-elle ? Si on ne peut pas empêcher son peuple élu d'être sauvé, notre manière d'évangéliser ou de donner l'assurance du salut a-t-elle la moindre importance ? Si les résultats sont déjà déterminés, que pouvons-nous faire ?

Si nous examinons les Églises évangéliques réformées et conservatrices d'aujourd'hui, il semble que cela n'ait que peu d'importance. Le pragmatisme a remplacé la théologie comme guide primaire dans tout ce que nous faisons, de l'évangélisation à la louange, en passant par le processus d'adhésion des nouveaux membres (s'il y en a un). Nous nous précipitons sur tout ce qui semble fonctionner, même si cela contredit ce que nous disons sur la manière dont les gens passent de la mort à la vie.

En fait, notre doctrine de la conversion détient une grande importance. Au premier siècle, Pierre a écrit aux Églises dispersées dans le territoire de la Turquie actuelle qui étaient sous pression à cause de leur décalage avec la culture ambiante, une situation pas si différente de la nôtre. Elles étaient tentées de prendre une approche pragmatique et Pierre les a encouragées à rester fidèles. Après avoir parlé de leur salut et de la vie en communauté, Pierre tire cette conclusion :

> Vous, au contraire, vous êtes une race élue, un sacerdoce royal, une nation sainte, un peuple acquis, afin que vous annonciez les vertus de celui qui vous a appelés des ténèbres à son admirable lumière, vous qui autrefois n'étiez pas un peuple, et qui maintenant êtes le peuple de Dieu, vous qui n'aviez pas obtenu miséricorde, et qui maintenant avez obtenu miséricorde.
>
> Bien-aimés, je vous exhorte, comme étrangers et voyageurs sur la terre, à vous abstenir des convoitises charnelles qui font la guerre à l'âme. Ayez au milieu des païens une bonne conduite, afin que, là même où ils vous calomnient comme si vous étiez des malfaiteurs, ils remarquent vos bonnes œuvres, et glorifient Dieu, au jour où il les visitera (1 Pi 2.9-12).

Dans ces versets, on voit que notre théologie de la conversion importe pour au moins trois raisons.

ELLE IMPORTE POUR DIEU

Pierre commence en soulignant ce que Dieu a accompli. Dieu nous a choisis. Dieu nous possède. Dieu a fait de nous un peuple. Dieu nous a fait grâce. Dieu nous a appelés à sortir des ténèbres pour entrer dans son admirable lumière. Ce n'est pas comme lorsque j'appelle mes enfants pour qu'ils viennent manger, et, encore moins, lorsque je les appelle pour qu'ils fassent leurs corvées. Peut-être qu'ils viennent, peut-être que non. Mon appel est une requête, une invitation qui peut être acceptée ou rejetée. L'appel de Dieu est une convocation formelle qui accomplit ses intentions.

Dieu a accompli notre salut par la mort et la résurrection de Jésus-Christ et il nous donne ce salut souverainement par son appel. Il nous donne des oreilles pour entendre son appel. Il nous donne un nouveau cœur pour répondre à l'appel. Il nous accorde les deux grâces de la repentance et de la foi pour que nous puissions saisir le salut auquel il nous appelle.

Pourquoi est-ce que notre théologie de la conversion a de l'importance ? Pierre répond en disant : « afin que vous annonciez les vertus de celui qui vous a appelés ». Cela importe pour Dieu. Remarquez que le *vous* est au pluriel. Pierre écrit à des Églises, pas à des individus.

Dieu veut que nous l'adorions personnellement pour notre salut, mais Jésus n'est pas mort pour nous uniquement. Il est mort pour son peuple et Dieu veut entendre son peuple. Nous pourrions crier de joie, seuls dans notre salon en voyant notre équipe sportive préférée gagner un match à la télévision, mais les hurlements sont beaucoup plus bruyants dans le stade où se joue la partie. Dieu veut entendre les cris du stade au complet.

Cela arrivera au dernier jour, mais nous en avons un aperçu dans l'Église locale. Ceux qui se réunissent chaque dimanche pour louer Dieu ont de l'importance. Les gens aiment avoir des amis ou bénéficier des programmes, mais ils peuvent profiter de tout cela sans être nés de nouveau. Pour que Dieu soit vraiment loué, l'Église locale a besoin de gens qui ont vraiment expérimenté son salut.

La louange au sein de l'Église locale n'est pas un exercice intellectuel. C'est la glorification de ce que Dieu a fait dans nos vies. C'est pour cette raison qu'il n'existe pas d'« appartenance avant la croyance ». Nous pouvons assister aux cultes ou nous impliquer avant de croire, mais nous ne pouvons pas y appartenir, parce que le plan de Dieu pour l'appartenance est sa glorification. Et nous ne pouvons pas le glorifier pour quelque chose que nous n'avons pas expérimenté.

Récemment, j'ai parlé à un pasteur dont l'Église a employé un consultant pour les aider à gonfler leur nombre. Le consultant leur a dit que leur Église avait tout faux. L'Église n'est pas pour les croyants, mais pour les incroyants, leur a-t-il dit. Ils devaient donc changer leurs pratiques pour rendre l'Église plus attirante pour les incroyants, ce qui signifiait la rendre plus divertissante. Dans un certain sens, le consultant avait raison. Si le but est d'attirer une plus grande foule, le divertissement fonctionne bien. Ce n'est pourtant pas le plan de Dieu pour les Églises. Il veut l'adoration de son peuple, un peuple qui sait qu'il a obtenu miséricorde.

La différence entre l'Église en tant que foule et l'Église en tant que rassemblement des croyants est la différence entre ceux qui veulent être divertis et ceux qui aiment Dieu et qui lui ont donné leur allégeance. C'est la différence entre un consommateur d'expériences religieuses et un adorateur à la gloire de Christ crucifié.

Notre théologie de la conversion importe parce qu'elle réoriente notre compréhension du but de l'assemblée et de ce que signifie en être membres. Si nos Églises ne sont pas remplies de croyants, nous volons Dieu de la glorification qu'il désire et qu'il mérite.

ELLE IMPORTE POUR NOUS

Ensuite, notre doctrine de la conversion a de l'importance pour nous. Pierre nous rappelle que nous sommes « étrangers et voyageurs » et que nous devons nous tenir éloignés des désirs coupables qui « font la guerre à l'âme ».

Le chrétien est libéré de la culpabilité du péché. La puissance du péché est brisée. Cependant, le péché demeure présent et ce fait n'est pas de faible importance. Le péché veut nous assassiner. Un puritain a dit : « Il faut que vous soyez continuellement occupé à tuer le péché, sinon c'est lui qui vous tuera[1] ». C'est là que la théologie de la conversion dans la vie d'Église est importante. Nos luttes contre le péché nous rassurent sur la réalité de notre foi et le fait que nous ne sommes pas seuls dans la bataille fait toute la différence. Nous ne pouvons pas nous aider les uns les autres si nous ne savons pas que nous sommes dans une bataille ou si nous ne sommes pas actifs dans le combat.

Nous avons besoin les uns des autres dans la bataille. Nous avons besoin des autres membres de l'Église qui comprennent combien le combat est difficile, qui savent comment nous aider et nous encourager, qui saisissent que de nous inciter les uns les autres à la foi est une question de vie ou de mort face à l'imminent jour du jugement (Hé 10.25). Quel découragement et quelle confusion quand nous luttons contre le péché et que nous remarquons que les autres membres de l'Église se tiennent en retrait ou même sont de connivence avec l'ennemi !

J'ai déjà connu un leader chrétien qui était un conseiller doué. Les gens lui présentaient leurs problèmes – des mariages brisés, des conflits familiaux, de l'anxiété et de la dépression – et ils repartaient tous sincèrement encouragés par ses sages conseils. Tous sauf un groupe : des jeunes hommes luttant avec l'homosexualité. Quand ils venaient dans son bureau, il leur disait d'être discrets sur leur orientation sexuelle et les informait d'endroits où rencontrer d'autres jeunes hommes pour avoir des liaisons. Nous avons appris plus tard que ce leader avait aussi une attirance pour le même sexe, mais qu'il ne luttait plus. Il a finalement abandonné sa foi. Combien de jeunes hommes a-t-il convaincus de ne plus lutter contre un péché qui faisait la guerre à leur âme ?

Une de mes amies d'université a vécu une rupture après que son mari l'a laissée pour aller vivre avec une autre femme.

Elle s'est tournée vers les leaders de son Église pour recevoir de l'aide, mais ceux-ci lui ont dit qu'ils ne pouvaient rien faire pour elle. Plus tard, cette même Église évangélique a accueilli son ex-mari avec sa nouvelle femme dans l'assemblée. Mon amie a été abandonnée à la nuit sombre de son âme et il lui a fallu plusieurs années pour s'en sortir. Combien d'époux tentés par l'adultère dans cette Église ont-ils été aidés dans leur lutte contre le péché qui fait la guerre à l'âme ? Notre théologie de la conversion est importante pour notre formation de disciples, notre counseling biblique et même notre discipline d'Église à cause de la persistance du péché et de nos blessures. Nous avons besoin de l'aide des autres dans des Églises remplies de gens qui combattront avec nous.

ELLE IMPORTE POUR LE MONDE

Finalement, notre doctrine de la conversion a de l'importance pour le bien du monde. En observant les Églises, le monde développe l'assurance que Dieu existe et qu'il y a l'espoir d'un changement. Pierre sait que quand le monde voit notre « bonne conduite » et nos « bonnes œuvres », il peut nous « calomnier », mais il « *[glorifiera]* Dieu » aussi.

Pierre dit que tout cela arrivera le jour où Dieu « les visitera ». Il est possible que cette expression fasse référence au jour du jugement. Toutefois, je ne crois pas que c'est cela que Pierre avait en tête. À travers les Écritures, le jour de la visitation de Dieu est le jour de notre salut, et nous glorifions Dieu en croyant en lui[2].

Si le monde voit l'Église comme une réflexion de lui-même avec des discours religieux en prime, comment pourrait-il croire qu'il y a un Dieu qui donne l'espérance d'un monde différent ? S'il voit l'affectation et les prétentions de l'Église, il la verra comme un mensonge. Par contre, s'il voit des vies véritablement changées et qui continuent de changer, certains, comme le dit Pierre, glorifieront Dieu ce jour-là en devenant chrétiens.

Il y a quelques années, un homme plus âgé a commencé à fréquenter mon Église. C'était une Église remplie de jeunes adultes, donc il s'est tenu à l'écart du reste de l'assemblée. Mais il n'est pas parti. Il nous observait, il nous écoutait et il a appris à connaître plusieurs d'entre nous. Un jour, il a mis sa foi en Jésus-Christ. Quand il s'est fait baptiser, il a expliqué ce qui s'était passé. Il était psychiatre et professeur à l'université. Tout le savoir qu'il avait acquis lui disait que ce qu'il voyait dans l'Église était impossible : une communion véritable au-delà des barrières naturelles, un changement réel qui n'était pas qu'un simple redressement thérapeutique, un amour sacrificiel pour les autres qui ne demandait rien en retour. Il en a conclu que la seule chose qui pouvait expliquer tout cela était que Dieu était réel et que l'Évangile de Jésus-Christ était vrai.

L'Église locale est le plan d'évangélisation de Dieu pour le monde. Elle constitue la preuve pour le monde que Jésus est ressuscité des morts. Nos conversions réelles, notre communauté chrétienne authentique, ainsi que notre dépendance de la grâce et non de diverses techniques forment l'apologétique de Dieu en réponse à l'incrédulité. C'est pour ces raisons que notre théologie de la conversion et les pratiques qui en découlent ont de l'importance pour le monde. Si le monde ne voit pas la vérité en nous, où la verra-t-il ?

Dieu choisit et Dieu sauve. La conversion est son œuvre. Et pourtant, il utilise divers moyens pour parvenir à ses résultats prédéterminés. L'un de ces moyens est l'Église locale. Nous devons témoigner de l'Évangile avec nos paroles. Nous devons ensuite confirmer la véracité de ces paroles par nos vies. Pour Dieu, pour nous-mêmes et pour le monde, il importe que nous ayons une doctrine exacte et que nous l'appliquions fidèlement dans la vie de l'Église.

NOTES

Chapitre 1 : Nés de nouveaux, pas gentils

1. Pour trouver un énoncé de la philosophie qui dirige ce programme et un exemple, visitez ces pages du site web de World Weavers : < http://www.worldweavers.com/cambodia-spiritual-adventure >, < http://www.worldweavers.com/about-us >.

Chapitre 2 : Sauvés, pas sincères

1. Fanny Crosby, « To God Be the Glory » [À Dieu soit la gloire], trad. libre, 1875.
2. Bruce Waltke, *The Book of Proverbs: Chapters 1–15* [Le livre des Proverbes : chapitres 1 – 15], trad. libre, New International Commentary on the Old Testament, Grand Rapids, Mich., Eerdmans, 2004, p. 211.
3. Charles Wesley, « And Can It be That I Should Gain » [Quoi ! le sang de l'Agneau], trad. libre, 1738.

Chapitre 3 : Des disciples, pas des décisions

1. N. D. T. : La Ligue majeure de baseball (MLB) est une organisation sportive nord-américaine regroupant deux ligues : la Ligue nationale et la Ligue américaine.

2. Dietrich Bonhoeffer, *The Cost of Discipleship* [Le prix à payer pour être un disciple], trad. libre, éd. révisée, New York, MacMillan, 1963, p. 99.
3. Charles H. Spurgeon, *La grâce aux 1000 facettes*, Chalon-sur-Saône, Europresse, 2017, p. 112.
4. Gordon T. Smith, *Transforming Conversion: Rethinking the Language and Contours of Christian Initiation* [Transformer la conversion : repenser le langage et la forme des initiations chrétiennes], trad. libre, Grand Rapids, Mich., Baker Academic, 2010, p. 148.
5. John Piper, « Hope in Eternal Purity » [L'espérance dans la pureté éternelle], trad. libre, site web « Desiring God », 4 novembre 2015, < http://www.desiringgod.org/interviews/hope-in-eternal-purity-aim-at-daily-purity >.

Chapitre 4 : Saints, pas guéris

1. Kevin DeYoung, *La faille dans notre sainteté : combler l'écart entre la passion pour l'Évangile et la poursuite de la sainteté*, Trois-Rivières, Éditions Impact, 2017, p. 22.

Chapitre 6 : Appelez, ne vendez pas

1. Lloyd Wendt, *Give the Lady What She Wants! The Story of Marshall Field & Company* [Donnez à la dame ce qu'elle veut ! L'histoire de Marshall Field & Company], trad. libre, New York, Rand McNally, 1952, p. 223.

2. Rick Warren, *Une Église motivée par l'essentiel*, Penthaz, Suisse, Motivé par l'essentiel, 2010, p. 217.
3. Cité dans David Wells, *Above All Earthly Pow'rs: Christ in a Post-Modern World* [Au-dessus des puissances de ce monde : Christ dans un monde postmoderne], trad. libre, Grand Rapids, Mich., Eerdmans, 2005, p. 302.

Chapitre 8 : Charitables, pas méfiants

1. Eleazar Savage, *Manual of Church Discipline* [Manuel de la discipline d'Église], [1863], dans Mark Dever, éd., *Polity: Biblical Arguments on How to Conduct Church Life* [Politique : arguments bibliques sur comment diriger la vie d'Église], trad. libre, Washington, D.C., Center for Church Reform, 2001, p. 487.
2. 1 Corinthiens 16.13,14, traduction libre de l'auteur.

Conclusion

1. John Owen, *La mortification du péché*, Trois-Rivières, Impact Héritage, 2017, p. 15.
2. Thomas R. Schreiner, *1, 2 Peter, Jude* [1, 2 Pierre et Jude], trad. libre, *The New American Commentary* [Le nouveau commentaire américain], trad. libre, vol. 37, Nashville, Tenn., Broadman & Holman, 2003, p. 124.

INDEX DES SUJETS

INDEX DES RÉFÉRENCES BIBLIQUES

IX 9Marks

Bâtir des Églises en bonne santé

Votre Église est-elle en bonne santé ?

Le ministère de 9Marks existe pour donner une vision biblique et des ressources pratiques aux dirigeants d'Église dans le but de manifester la gloire de Dieu aux nations par l'entremise d'Églises en bonne santé.

À cette fin, le ministère 9Marks désire aider les croyants à identifier les neuf traits essentiels d'une Église en bonne santé :

1. une prédication qui expose toute la Bible de manière systématique ;
2. une théologie biblique ;
3. une compréhension biblique de l'Évangile ;
4. une compréhension biblique de la conversion ;
5. une compréhension biblique de l'Évangélisation ;
6. une compréhension biblique de ce qu'est un membre de l'Église ;
7. une compréhension biblique de la discipline dans l'Église ;
8. une compréhension biblique de l'encadrement des disciples ;
9. une compréhension biblique de la direction d'une Église.

Chez 9Marks, nous produisons des articles, des livres, des critiques de livres et un journal en ligne. Nous organisons des conférences, enregistrons des interviews et produisons d'autres ressources pour équiper les Églises afin qu'elles puissent faire rayonner la gloire de Dieu.

Visitez notre site Web pour trouver du contenu dans plus de 30 langues et inscrivez-vous pour recevoir notre journal en ligne gratuit.

www.9marks.org

ÊTRE MEMBRE D'UNE ÉGLISE LOCALE

L'importance de représenter Jésus aux yeux du monde

JONATHAN LEEMAN

Jonathan Leeman aborde ce sujet en expliquant clairement ce que signifie « être membre d'une Église locale », puis il montre pourquoi l'adhésion à une Église est vitale pour le chrétien. En redonnant à l'Église sa juste valeur, l'auteur présente des arguments solides pour nous convaincre de nous engager auprès de notre assemblée locale.

5 x 7 po | broché | 174 pages
978-2-924595-34-3

LA DISCIPLINE D'ÉGLISE

L'importance de protéger la réputation de Jésus-Christ et de son Église

JONATHAN LEEMAN

Jonathan Leeman nous aide à affronter la variété infinie de circonstances et de péchés pour lesquels il n'existe aucune étude de cas dans les Écritures, des inconduites qu'on ne retrouve sur aucune liste et pour lesquelles un cadre biblique est nécessaire, afin de pouvoir les corriger de façon appropriée et dans l'amour.

5 x 7 po | broché | 190 pages
978-2-924595-44-2

LA PRÉDICATION TEXTUELLE

Comment bien communiquer la Parole de Dieu aujourd'hui

DAVID HELM

Le pasteur David Helm expose ce qu'il faut savoir et ce qu'il faut faire pour devenir un enseignant fidèle de la Parole de Dieu. En plus d'offrir des conseils pratiques et détaillés aux prédicateurs expérimentés et aux prédicateurs en formation, ce livre donne à chaque chrétien les outils nécessaires pour apprendre à reconnaître les signes d'une bonne prédication.

5 x 7 po | broché | 166 pages
978-2-924595-22-0

PUBLICATIONS CHRÉTIENNES

Publications Chrétiennes est une maison d'édition évangélique qui publie et diffuse des livres pour aider l'Église dans sa mission parmi les francophones. Ses livres encouragent la croissance spirituelle en Jésus-Christ, en présentant la Parole de Dieu dans toute sa richesse, ainsi qu'en démontrant la pertinence du message de l'Évangile pour notre culture contemporaine.

Nos livres sont publiés sous six différentes marques éditoriales qui nous permettent d'accomplir notre mission :

ÉDITIONS IMPACT

IMPACT HÉRITAGE

IMPACT ACADÉMIA

éditions cruciforme

La Rochelle

EP EUROPRESSE

Nous tenons également un blogue qui offre des ressources gratuites dans le but d'encourager les chrétiens francophones du monde entier à approfondir leur relation avec Dieu et à rester centrés sur l'Évangile.

REVENIR À L'ÉVANGILE

revenirалevangile.com

Procurez-vous nos livres en ligne ou dans la plupart des librairies chrétiennes.

pubchret.org | xl6.com | maisonbible.net | amazon